NOVA EDIÇÃO

(((**BEN PARRY DAVIES**)))

COMO ENTENDER O

INGLÊS FALADO

TÉCNICAS E EXERCÍCIOS
PARA MELHORAR SUA
COMPREENSÃO

CB018632

ALTA BOOKS
EDITORA
Rio de Janeiro, 2018

Produção Editorial	Produtor Editorial	Produtor Editorial (Design)	Marketing Editorial	Vendas Atacado e Varejo
Editora Alta Books	Thiê Alves	Aurélio Corrêa	Silas Amaro marketing@altabooks.com.br	Daniele Fonseca Viviane Paiva comercial@altabooks.com.br
Gerência Editorial Anderson Vieira	**Assistente Editorial** Viviane Rodrigues		**Editor de Aquisição** José Rugeri j.rugeri@altabooks.com.br	**Ouvidoria** ouvidoria@altabooks.com.br

Equipe Editorial	Adriano Barros Aline Vieira Bianca Teodoro	Gabriel Teixeira Ian Verçosa Illysabelle Trajano	Juliana de Oliveira Kelry Oliveira Paulo Gomes	Rachel Guarino Thales Silva

Diagramação (2ª Ed.) Lucia Quaresma	**Revisão Gramatical (2ª Ed.)** Gabriella Araújo Flávio Rodrigues	**Edição de Áudios** Onda Sonora **Edição de Vídeos** Andrew Kastenmeier	**Capa/Layout** Wallace Escobar	**Ilustrações** Rodrigo Guedes

Erratas e arquivos de apoio: No site da editora relatamos, com a devida correção, qualquer erro encontrado em nossos livros, bem como disponibilizamos arquivos de apoio se aplicáveis à obra em questão.

Acesse o site www.altabooks.com.br e procure pelo título do livro desejado para ter acesso às erratas, aos arquivos de apoio e/ou a outros conteúdos aplicáveis à obra.

Suporte Técnico: A obra é comercializada na forma em que está, sem direito a suporte técnico ou orientação pessoal/exclusiva ao leitor.

A editora não se responsabiliza pela manutenção, atualização e idioma dos sites referidos pelos autores nesta obra.

Dados Internacionais de Catalogação na Publicação (CIP) de acordo com ISBD

D255c   Davies, Ben Parry
            Como entender o inglês falado: técnicas e exercícios para melhorar
        sua compreensão / Ben Parry Davies. - Nova ed. - Rio de Janeiro :
        Alta Books, 2018.
            224 p. ; il. ; 17cm x 24cm

            ISBN: 978-85-508-0323-4

            1. Línguas. 2. Idioma. 3. Inglês. I. Título.

                                                                    CDD 425
        2018-842   CDU 811.111

Elaborado por Vagner Rodolfo da Silva - CRB-8/9410

Rua Viúva Cláudio, 291 — Bairro Industrial do Jacaré
CEP: 20970-031 — Rio de Janeiro - RJ
Tels.: (21) 3278-8069 / 3278-8419
www.altabooks.com.br — altabooks@altabooks.com.br
www.facebook.com/altabooks

ALTA BOOKS
E D I T O R A

Para Vanessa, Raphael e Leonardo

AGRADECIMENTOS

A Rodrigo Guedes, artista talentoso, que mais uma vez deu vida às minhas ideias; a Onda Sonora, pelo trabalho no material de áudio.

A Andrew Kastenmeier por todo seu trabalho nos vídeos.

A todos os alunos, professores e amigos que me inspiraram a escrever sobre compreensão. Thank you all!

SUMÁRIO

Introdução   ix

1   Prática Auditiva mais Eficiente   1

2   A importância da Ênfase para
sua Compreensão   17

3   Entonação - Ritmo e Melodia   47

4   Conexões entre Palavras em
Conversas Rápidas   59

5   Como Falamos em Blocos de Linguagem   75

6   Como Ampliamos a Conversa   99

7   Frases do Dia a Dia com Mudanças
de Pronúncia   145

8   Sotaques no Mundo de Inglês   167

Glossário de Fonética   189

Respostas dos Exercícios   195

Por que é difícil entender o inglês falado*

---

* O guarda está dizendo: **What are you going to do in the US?** (*O que você vai fazer nos EUA?*), **Do you have enough money?** (*Você tem dinheiro suficiente?*), **Did you bring any gifts**? (*Você trouxe algum presente?*), **You have got to fill in a form** (*Você precisa preencher um formulário*). Escute as quatro frases no material de áudio.

A ideia para este livro nasceu da minha experiência como professor de inglês. Ao longo dos anos, percebi que, além da necessidade de falar o idioma, meus alunos quase sempre têm dificuldade para *entender o inglês natural*, as conversas do dia a dia de falantes nativos que se ouve em filmes, programas de televisão, na internet e em músicas, em situações de negócios e de viagens.

Às vezes parece que existem dois idiomas; o que se passou anos estudando no colégio, e outro com que se confronta em situações reais, nas quais as pessoas falam o idioma naturalmente. Os sons não se apresentam do mesmo jeito organizado que se esperava, e fica muito difícil determinar quais partes do 'borrão acústico' representam os começos e os fins das palavras, aliás, quais partes são palavras! Pela minha experiência, os alunos continuam apresentando essas dificuldades por uma variedade de motivos:

- ◆ Costumamos aprender um idioma estrangeiro em termos de palavras e frases; mas, na realidade, o ritmo e a velocidade natural de um idioma falado por nativos fazem com que as palavras se juntem, produzindo um fluxo contínuo que aparentemente não corresponde à forma escrita.

- ◆ Muitas pessoas aprendem, pelo menos no início, apenas as palavras-chave para dar as informações principais, e não as palavras e frases curtas que realmente são usadas por nativos nas conversas do dia a dia. Isso pode ter um efeito muito grande na sua compreensão, e te deixar frustrado e desmotivado.

- ◆ É bastante comum criar uma barreira psicológica na área de compreensão, causada principalmente pelo desejo natural de querer entender tudo. O comentário frequente 'não entendi *nada*', na verdade, quer dizer que não conseguiu entender *tudo*, apesar de muitas vezes ter entendido *o suficiente* para o objetivo comunicativo.

- ◆ Muitos professores têm a tendência natural de falar mais devagar e com mais clareza em suas aulas, o que, apesar de ser benéfico em curto prazo, é prejudicial em longo prazo para o desenvolvimento da habilidade de reconhecer as formas orais em conversas mais rápidas. É também muito comum se concentrarem mais nas *respostas certas* na hora de fazer atividades de compreensão, e não no *motivo* onde os alunos podem falhar.

- Alunos ouvindo o conteúdo de áudio deparam-se com vozes desconectadas e desconhecidas, sem a possibilidade de ver ou interagir com as pessoas falando.

COMO VOCÊ VAI MELHORAR SUA COMPREENSÃO COM ESTE LIVRO

O livro tem como objetivo decifrar esse 'ruído', por meio de um resumo dos aspectos que mudam os sons e impedem a compreensão, e mostrar uma estratégia para que você realmente faça progresso nesta área essencial do inglês. Primeiramente, no capítulo 1, gostaria de apresentar um resumo das estratégias gerais que podem ser empregadas na batalha em longo prazo e, em seguida, mais sete capítulos, cada um direcionado a uma área específica de compreensão do inglês natural. Assim, este livro vai ajudar você a superar as principais dificuldades relacionadas à compreensão oral, para que adquira confiança em sua habilidade de entender mensagens faladas em situações reais.

O livro começa com um capítulo que aborda a *compreensão oral em geral*; como funciona o processo de ouvir, como podemos ouvir melhor, e que tipo de material podemos aproveitar para melhorar a compreensão.

O segundo capítulo trata das dificuldades fundamentais para a compreensão causadas por *ênfase em conversas rápidas*, começando com palavras individuais e progredindo até frases e textos/diálogos completos.

O terceiro capítulo aborda o tema de **entonação** (a melodia de um idioma), e como as pessoas mostram graus de educação, entusiasmo e ironia através das mudanças no tom de voz.

No quarto capítulo, vamos examinar **as conexões entre palavras** que podem atrapalhar a compreensão de conversas rápidas, divididas em sons e palavras que desaparecem completamente, sons que se transferem de uma palavra para outra e sons que se transformam em outros sons.

O quinto capítulo vai salientar a importância de **blocos de linguagem**, ou seja, a divisão de conversas em grupos gramaticais e tonais (as partes divididas por pausas) e em frases sociais e expressões fixas usadas com muita frequência no dia a dia.

O sexto capítulo concentra-se na **linguagem usada para ampliar as conversas**, ou seja, os marcadores de discurso e de atitude, pausas, repetições e linguagem vaga.

No sétimo capítulo, há uma **lista de estruturas e frases comuns** que apresentam dificuldades de compreensão, com as mudanças de som analisadas e a pronúncia anotada foneticamente.

Para terminar, há um resumo de alguns dos **sotaques principais na língua inglesa**: americano, britânico, australiano, canadense, irlandês, sul-africano e algumas variações regionais.

Todos os capítulos começam com uma explicação dos conceitos de uma forma simples e acessível, mostrando exatamente por que essas áreas apresentam uma barreira para o entendimento, e, em seguida, diversos exemplos de palavras e frases usadas com frequência no dia a dia, demonstrando os conceitos abordados. No final de cada capítulo, há textos, diálogos e exercícios para você confirmar o seu progresso, com as respostas no final do livro. Todos os exemplos e exercícios se encontram no material de áudio online disponível no site www.altabooks.com.br (mediante busca pelo título do livro), divididos em faixas de acordo com cada página. Para você praticar sua compreensão com a maior variedade possível, todos os exemplos e exercícios são lidos por nativos de vários países onde se fala inglês. Podemos resumir no diagrama a seguir as áreas de compreensão que este livro vai te ajudar a melhorar:

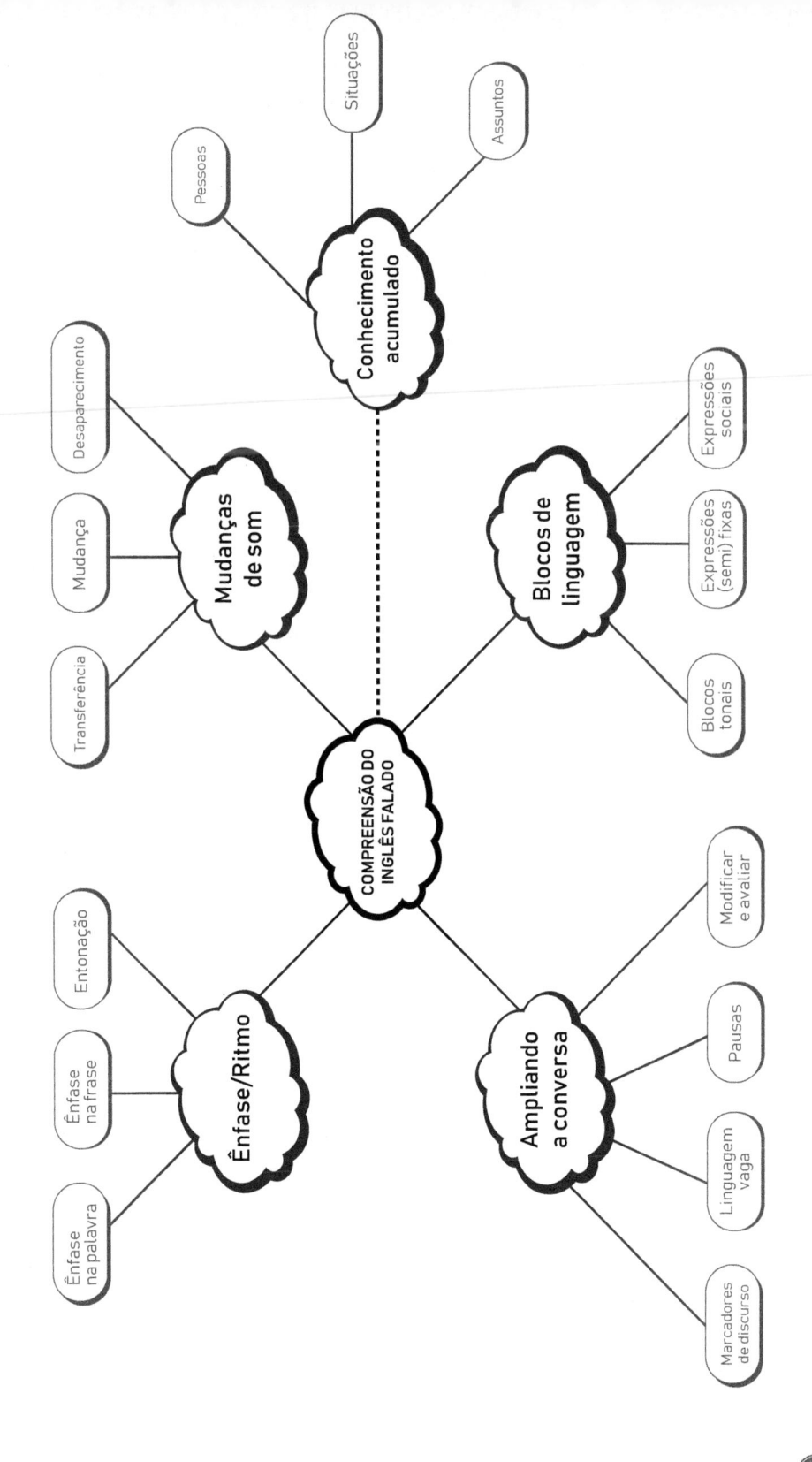

PRÁTICA AUDITIVA MAIS EFICIENTE

COMO ESCUTAMOS

No ensino de inglês, as habilidades de leitura e de compreensão oral tradicionalmente são chamadas de *receptivas* (para fazer o contraste com escrever e falar, as habilidades *produtivas*), mas, na verdade, escutar é um processo *ativo*, uma *interação* entre a pessoa que está falando e a pessoa que está escutando. Resumindo de uma forma simplificada, este processo pode ser dividido em três etapas:

> Primeiro, os sons entram no chamado *armazém sensorial* e são organizados em unidades significativas de acordo com o nosso conhecimento do idioma.

> Depois, as informações são processadas pela memória de curto prazo e, por esse motivo, se o próximo *bloco* de informações chega antes de processar o primeiro, isso resulta em confusão, e a reação comum é desistir da tentativa de compreender.

> Finalmente, depois de construir o sentido com sucesso, as informações podem ser transferidas para a memória de longo prazo, mas geralmente de uma forma mais resumida.

Além disso, muitas pesquisas salientam a importância do que as pessoas *trazem* para as informações que escutam, ou seja, nós contamos com o nosso *conhecimento acumulado* – da história e da cultura de quem está falando. Temos uma ideia do que podemos esperar baseada no tipo de **situação** (na sala de aula, no aeroporto, no médico etc.), tipo de **tópico** (futebol, música, contratos etc.), tipo de **pessoa** (velho/jovem, macho/fêmea, tímida/confiante etc.) e tipo de **relacionamento** (pai/filho, chefe/funcionário, balconista/cliente etc.).

Outra estratégia é analisar o contexto para situar as informações em relação a tudo o que a pessoa já disse para entender o sentido, e muitas vezes pode-se *prever* como vai terminar uma frase ou assunto. A evidência é que desenvolvemos essas habilidades com bastante facilidade em nossa língua-mãe, mas necessitamos de um esforço considerável para transferir as mesmas habilidades para uma língua estrangeira. Alunos precisam aprender a usar mais o seu conhecimento da estrutura do idioma, precisam se acostumar com os contextos que a estrutura combina. Enfim, é preciso 'aprender a escutar', quer dizer, prestar atenção no que está ouvindo, processar, compreender, interpretar, avaliar e responder de forma apropriada, a fim de se tornarem ouvintes envolvidos e ativos.

O QUE VOCÊ PRECISA ESCUTAR EM INGLÊS?

Além de uma análise do processo de escutar, é muito importante pensar nos *objetivos* de escutar, ou seja, em que tipo de situação *você vai precisar* escutar o inglês natural. Assim, pode-se direcionar a sua prática às áreas mais relevantes e não gastar tempo e energia se preocupando com todos os contextos de compreensão. Também é uma questão de colocar em perspectiva os seus objetivos; saber o que *precisa* entender e o que é *supérfluo*, e ficar satisfeito com a compreensão de um nível mais realístico. Talvez pareça óbvio, mas acho que vale a pena listar os objetivos mais comuns:

- ◆ **Conversação.** Para 'fazer social', trocar informações, compartilhar os seus sentimentos, reagir, além de funções mais específicas, como pedir esclarecimento, convencer, defender-se, dar conselhos etc.

- ◆ **Negócios.** Para reuniões, apresentações, feiras e conferências, entrevistas etc.

- ◆ **Viagens.** Para transporte, burocracia, hospedagem, serviços, atividades turísticas etc.

- ◆ **Informática e Comunicações.** A linguagem da Internet, telefonemas e mensagens, de acordo com uma ou mais das três categorias anteriores.

- ◆ **Entretenimento.** Músicas, filmes, televisão e videogames. Dentro desta categoria, pode-se considerar o tipo de coisa que se costuma ouvir; por exemplo, na televisão, se você gostaria de entender mais as notícias e atualidades, seriados de comédia, entrevistas, documentários etc.

- ◆ **Aulas e palestras.** Para entender a professora ou o palestrante, fazer exercícios ou provas de compreensão.

COMO POSSO ESCUTAR MAIS INGLÊS?

Não esqueça que melhorar a sua compreensão é um processo a longo prazo e que você precisa buscar uma variedade de fontes de inglês natural como *parte regular* do seu plano de estudos. Não adianta de vez em quando assistir a um filme sem legendas e depois ficar frustrado porque não consegue entender muito. Entre as opções disponíveis para fontes do inglês natural:

- ◆ **Filmes e televisão.** Assista filmes e programas da TV (ou suas cenas preferidas) uma vez com as legendas em português, depois assista novamente com legendas em inglês, e finalmente assista sem legendas (ou com uma faixa de papel por cima das legendas). Pode até ser meio chato assistir a mesma coisa várias vezes, mas é preciso lembrar que, como filmes são uma fonte incomparável de inglês natural, você deve aproveitá-los o máximo possível! Pare o filme para ouvir novamente a pronúncia de um som, uma palavra ou uma frase, tentando captar cada vez mais o sentido. Anote em seu caderno, com seu equivalente fonético, o som que *você* ouve.

- ◆ **Música.** Claro, o inglês que você ouve em músicas não é sempre a forma mais correta do idioma, mas pelo menos é um contexto fácil e divertido para aprender e dá vontade de estudar mais. Procure vídeos de música com a letra no *Youtube* e escute a música várias vezes, anotando palavras, expressões e estruturas importantes, e faça outros exemplos relevantes para você. Depois de se acostumar com a pronúncia das letras, está na hora de 'soltar a franga' e cantar ao mesmo tempo, mesmo que não tenha uma performance totalmente profissional! Uma fonte excelente de músicas em inglês são os site **letssingit.com** e **cantaringles.com**; para cantores / bandas preferidos, procure os sites dos fã-clubes ('fan clubs'), que, muitas vezes, têm músicas, entrevistas e contatos com outros fãs pelo mundo.

♦ **Informática.** Aproveite os sites na internet que têm conteúdo de áudio em inglês, por exemplo, as reportagens auditivas nos canais internacionais **cnn.com** e **bbc.com**, e nos jornais principais, como os ingleses **theguardian.com** (mais liberal) e **telegraph.co.uk** (mais conservador) ou os americanos **nytimes.com** (liberal) e **washingtonpost.com** (conservador). Além disso, existe uma variedade de sites dedicados exclusivamente ao ensino de inglês, com diversas atividades para melhorar o seu desempenho, incluindo compreensão de textos, diálogos e reportagens. Uma seleção dos melhores que já usei: **englishlearner.com**, **englishpage.com**, **onestopenglish.com** e **efl4u.com** (excelentes para professores também), **englishclub.com**, **eslcafe.com**.

♦ **Conversação.** Lembre-se de que a prática de conversação também vai influenciar bastante o seu progresso em compreensão, porque faz parte da mesma *interação e negociação de sentido* que produz comunicação oral. Nas grandes cidades do Brasil, existem lugares onde se pode conversar em inglês, muitas vezes com alguns participantes nativos. Em São Paulo, no bar **Little Igloo** em Santo André, clientes e funcionários só se comunicam em inglês. No Rio de Janeiro, dizem que há muitas pessoas falando inglês no bar **Shenanigans** em Ipanema, e, em Porto Alegre, a **Confraria do Café** organiza um encontro aberto ao público com um professor de inglês para promover a conversação. Outra opção é participar gratuitamente da organização **Internations**, uma comunidade de expatriados presente em mais de 360 comunidades ao redor do mundo, que organizam encontros, eventos e atividades para todos os gostos.

Se você está procurando um grupo para conversação, entre em contato com as maiores escolas de inglês da sua cidade para ver, primeiro, se elas organizam grupos (muitas vezes, fora dos cursos normais e, às vezes, de graça) e, segundo, se elas podem indicar um lugar para conversação ou até mesmo orientá-lo a formar um grupo. Além disso, pode-se formar um grupo informal com colegas de sala ou trabalho, por exemplo, para almoçar, lanchar ou tomar um drinque, com o objetivo de conversar somente em inglês.

Não pense que não vale a pena praticar conversação e compreensão somente com os seus compatriotas; lembre-se de que uma grande parte do inglês no mundo é falada por não nativos com *outros* não nativos, ou seja, um brasileiro com um alemão, um francês com um espanhol etc. Então, você pode aprender muito conversando com outros brasileiros, além do benefício de aumentar a sua vontade geral de aprender mais o idioma, incluindo a sua compreensão.

> **You don't always have to talk to natives**
>
> *Você nem sempre precisa falar com os nativos*

♦ **Material de áudio e vídeo** que acompanha a maioria dos livros didáticos, geralmente com o *tapescript* (o roteiro) no final do livro. Mais uma vez, pode começar selecionando os tópicos ou as áreas de vocabulário mais interessantes e relevantes para você, e também os *listenings* que dão mais prática do inglês fluente e natural. Programe um tempo no seu horário para a prática regular, além das demandas do seu curso de inglês.

Outra opção são as histórias contadas em inglês com material de áudio, ou os chamados '*paradidáticos*'* (livrinhos com vocabulário reduzido de acordo com o nível de inglês), ou ainda, para um nível bem avançado, os livros originais, que têm a grande vantagem de serem lidos na velocidade normal e não com uma pronúncia mais lenta, o que pode ocorrer com os paradidáticos.

Além de textos e diálogos completos, é importante você praticar a compreensão no nível mais detalhado, concentrando-se mais nas mudanças de pronúncia de palavras e frases individuais. Além dos exercícios deste livro, indico dois **livros de pronúncia**, o *English Pronunciation In Use*, publicado pela Editora CUP, e *Headway Pronunciation* (são dois livros: *intermediate* e *upper-intermediate*), publicado pela Editora OUP. Os dois vêm com gravações e contêm uma variedade de prática direcionada a elementos de conversas contínuas que geram mais dificuldades aos alunos estrangeiros.

Outra fonte excelente de inglês natural é a revista brasileira *Speak Up*, com notícias, curiosidades e reportagens sobre aspectos culturais, incluindo gravações com diversos sotaques, além de curiosidades e a tradução das palavras e frases mais difíceis.

♦ **Apresentações.** A última dica é aproveitar um circuito de eventos organizado por empresas e grupos relacionados ao ensino do inglês. Primeiro, todas as maiores editoras e distribuidoras de livros de inglês oferecem palestras e workshops, muitas vezes com falantes nativos, que geralmente são abertos tanto para o público quanto para professores. Consulte os sites das editoras Oxford University Press, Macmillan, Cambridge University Press, Richmond Moderna e Longman e das distribuidoras Disal e SBS, para saber mais informações sobre os próximos eventos. Algumas grandes escolas, como a Cultura Inglesa ou CCBEU, também oferecem um programa cultural, incluindo apresentações de ingleses e americanos, que representam mais uma oportunidade de praticar a sua compreensão do idioma falado.

Além disso, existem organizações nacionais e estaduais que promovem *encontros e congressos* de ensino de inglês, abertos também ao público

---

* Por exemplo, as séries publicadas pelas editoras **Oxford University Press** ou **Penguin**.

em geral. É claro que esses eventos se direcionam principalmente para o lado didático. Todavia, sempre há palestrantes de fora falando sobre uma variedade de tópicos culturalmente e linguisticamente interessantes.

A maior organização é a **BRAZ-TESOL**, mas também existem associações estaduais de professores da língua inglesa, como, por exemplo, a **APLIESP** em São Paulo, a **APLIERJ** no Rio do Janeiro, a **APLIEMGE** em Minas Gerais, a **APIES** no Espírito Santo e **APLIEPAR**, **APLISC** ou **APIRS** na Região Sul.

ESTRATÉGIAS PARA MELHORAR SUA COMPREENSÃO

- ◆ **Praticar a longo prazo.** O ouvido precisa ser treinado aos poucos para reconhecer as mudanças de pronúncia em conversas rápidas, um processo que não ocorre de um dia para o outro. É preciso ter *consistência* e *dedicação* se você realmente deseja fazer progresso nessa área. Então, a prática de escutar o inglês natural deve integrar seu plano de estudo, incluindo um tempo dedicado ao *free listening*, ou seja, escutar sem precisar cumprir nenhuma tarefa. Procure deixar um tempinho todo dia para escutar um diálogo ou uma história em inglês – durante o banho, café da manhã ou lanche, no carro, no ônibus, no escritório, fazendo exercício, ou a qualquer momento do dia que você possa aproveitar para fazer a prática regular!

Vale a pena também pensar no lugar onde vai escutar; em um local sossegado, livre de outras distrações (outras pessoas, telefone ou celular, barulho de fora etc.), de preferência com fones de ouvido.

- ◆ **Planejar e desenvolver as suas estratégias pessoais** e sempre fazer uma autoavaliação dos pontos fortes e fracos da sua compreensão, e não ficar simplesmente preocupado com o número de questões que tenha acertado em um exercício de compreensão.

Fique consciente de como escutamos a nossa língua-mãe (página 2) e procure aplicar as mesmas estratégias. **Não tente seguir a conversa palavra por palavra.** Acima de tudo, não esqueça que toleramos a compreensão parcial e que, às vezes, você só precisa escutar para obter informações básicas ou específicas. O processo envolve chutes, previsões e interpretações – 'ouvindo nas entrelinhas', se quiser – para chegar ao sentido pretendido pelo falante.

- ◆ **Praticar em etapas.** Deixe a sua confiança aumentar aos poucos, lembrando do ditado *'success breeds success'* (sucesso cria sucesso). No início, selecione frases ou textos mais curtos, textos com somente uma pessoa falando e também com pouco vocabulário novo. Depois, você pode aumentar o tamanho e a dificuldade do texto ou da tarefa, adquirindo confiança no processo gradual de compreensão. Lembre-se de que, em cada etapa, o objetivo real deve ser a *compreensão adequada, e não o entendimento total*, e que até os falantes nativos precisam de tempo para fazer os ajustes necessários para entender uma situação nova. Melhor não criar grandes expectativas e sempre ter paciência para progredir cada vez mais, até chegar perto do ideal.

- ◆ **Maximizar o objetivo.** Muitas vezes, a dificuldade de compreensão pode ser causada ou piorada por uma falta de vontade de escutar, e, por esse motivo, é muito importante selecionar materiais de áudio que deem oportunidade para alcançar um objetivo específico, cumprir alguma tarefa ou descobrir alguma informação nova.

- ◆ **Maximizar a variedade.** Acredito muito no ditado *'variety is the spice of life'* (variedade é o tempero da vida), que pode ser aplicado também na área de compreensão. Como se trata de uma atividade complexa, deve refletir-se na diversidade dos tipos de *listening*: variedade nos tipos de fonte ou mídia (TV, músicas, computador etc.), de texto (conversas, histórias, reportagens, descrições etc.), situações, pessoas, sotaques, níveis de formalidade. Do mesmo jeito, procure o máximo de diversidade no tipo de exercício e atividade baseado no *listening*, também integrando com a maior variedade de prática em outras habilidades (leitura, escrita e falada).

- ◆ **'Rewind and replay',** ou seja, 'rebobinar e tocar novamente'. Não esqueça a importância da repetição na construção da sua compreensão, de escutar várias vezes as partes que apresentam mais dúvidas. Lembre-se: além de conseguir as respostas certas (quando há uma tarefa ou um exercício), é preciso analisar *os motivos* para entender ou, mais importante, *não* entender as partes de uma gravação.

- ◆ **Ler o texto/roteiro/legenda ao mesmo tempo.** Para ajudar o seu crescimento gradual, é importante lembrar que 'alguns alunos aprendem melhor com os olhos do que com os ouvidos'. Então, selecione inicialmente o tipo de compreensão que pode acompanhar na forma escrita, como, por exemplo, legendas em inglês, histórias gravadas acompanhado de texto escrito, ou o texto escrito de um *listening* no seu livro de inglês. Uma boa estratégia é escutar a primeira vez com o texto, depois ler novamente sem escutar (anotando alguns exemplos de vocabulário novo) e, finalmente, escutar pelo menos mais uma vez sem ler o texto.

♦ **Procurar e isolar 'blocos de linguagem'.** Como veremos no capítulo 5, geralmente o que as pessoas dizem vem em uma série de palavras faladas de uma vez só, em grupos ou blocos divididos de acordo com as informações principais da mensagem, ou de acordo com as frases fixas que compõem uma grande parte das nossas conversas. Portanto, é importante tentar identificar, separar e praticar esses blocos durante o seu estudo na área de compreensão.

♦ **Anotar palavras e frases foneticamente.** Devido às mudanças de pronúncia em palavras e frases faladas de uma maneira natural, é uma boa ideia acostumar-se a anotar *o som* que você ouve, no lugar de simplesmente seguir a forma tradicional de 'palavra de um lado, tradução do outro'. Existem duas opções: primeiro, pode anotar utilizando o estilo 'fonético brasileiro', ou seja, como um brasileiro tipicamente escreveria o som, por exemplo:

+	**ãmgãnã píkãrap**	=	I'm going to pick her up. *Vou buscar ela.*
?	**uódãiã uanãdu tãnait?**	=	What do you want to do tonight? *O que você quer fazer hoje à noite?*
–	**aidãnou, xididãnsei**	=	I don't know, she didn't say. *Não sei, ela não falou.*

Segundo, pode anotar utilizando o alfabeto fonético internacional, necessitando de um pequeno esforço em curto prazo,[**] mas que vale a pena no longo prazo, em razão da grande vantagem de poder saber a pronúncia de qualquer palavra simplesmente olhando no dicionário! As frases mencionadas anteriormente ficam assim:

[**] A tabela dos símbolos e dicas para aprendê-los de uma forma rápida estão no final do livro, no **Glossário de Fonética**.

I'm going to pick her up.	=	/aɪm gənə pɪkərʌp/
What do you want to do tonight?	=	/wɒdəjə wɒnə du: tənaɪt/
I don't know, she didn't say.	=	/aɪ dənəʊ, ʃɪ: dɪdən seɪ/

Para facilitar a compreensão, a maioria das palavras neste livro foi transcrita mais ou menos como você pronunciaria se estivesse lendo em português. A pronúncia sempre aparece entre barras, geralmente seguida pela tradução em itálico, assim: **friend** /frend/ (*amigo*), **survive** /sãvaiv/ (*sobreviver*). Além disso, quando existe uma diferença significativa entre a pronúncia em inglês americano e inglês britânico a palavra vem seguida pelas siglas **US** (United States) ou **GB** (Great Britain).

♦ **Procurar a prática específica de diferentes estratégias de compreensão.** Como a compreensão consiste em uma combinação de várias habilidades, é importante pensar qual prática utilizará para desenvolver a sua proficiência em cada área. Destaca-se a prática direcionada ao desenvolvimento da capacidade de:

1. *Fazer previsões.* Como vimos na introdução, geralmente, quando escutamos no cotidiano, já temos uma ideia do tipo de coisa que esperamos ouvir em determinadas situações. Por tal motivo, é muito importante desenvolver a habilidade de fazer previsões na língua inglesa em termos de:

    — **Vocabulário:** quais palavras e frases você acha que provavelmente vai ouvir?

    — **Situação/tema:** como você acha que vai progredir? O que seria uma estrutura lógica para este tipo de texto ou diálogo?

    — **Reações:** como você acha que as pessoas demonstram as atitudes ao responder?

2. *'Skim'.* Refere-se à importância de escutar com o objetivo somente de entender *o resumo, o básico* da conversa. No início, você pode escutar a primeira vez apenas para saber **quantas pessoas** estão falando e em que **tipo de situação**. A segunda etapa é identificar **quem** está falando**, onde** e sobre **o quê.** Continue aumentando aos poucos a quantidade de informações que está buscando, sempre se mostrando satisfeito com a compreensão limitada de que precisa para cumprir uma tarefa *realística.*

3. **'Scan'.** Refere-se à importância de escutar somente *informações específicas*, selecionando algumas partes que são relevantes para os seus objetivos. Lembre-se do princípio mais importante:

> **You don't need to understand everything to say that you understood!**
> *Não é preciso entender tudo para dizer que você entendeu!*

Muitas vezes, a gente só consegue capturar os pontos principais ou relevantes de uma conversa, até mesmo na nossa língua-mãe. Portanto, quanto mais rápido você conseguir abandonar o desejo natural de querer entender *tudo* de uma vez e aceitar que existem vários *níveis de compreensão*, mais rápido vai ser o seu progresso na prática das habilidades essenciais.

4. **Deduzir o sentido do contexto.** Outro fator importante para a aceitação da compreensão parcial é a habilidade de resistir à tentação de procurar tudo no dicionário, e de procurar definições *adequadas* de vocabulário desconhecido. Isso pode ser feito por meio da situação – o que faz sentido em razão do tema ou da função da conversa – ou pela estrutura da palavra/frase – que você pode dividir em raiz, prefixo e sufixo, ou ainda pela similaridade com outra palavra em inglês ou português.

5. **Prestar atenção nos elementos corporais e faciais**, que vão ajudá-lo a deduzir as intenções do falante (as expressões do rosto, gestos e outras formas de linguagem corporal).

Então, no próximo capítulo vamos começar a desconstruir o 'ruído', examinando detalhadamente as áreas de pronúncia que mais se combinam para confundir o estudante do idioma.

Exercício 1

PREVISÕES

Claro que é difícil prever exatamente o que você vai ouvir, mas o importante é ficar ligado ao *tipo de linguagem* que pode esperar e se preparar mentalmente para o *tipo de situação* mais provável. O objetivo dos exercícios a seguir é aumentar a sua consciência da necessidade de empregar estas estratégias gerais no processo de compreensão.

Primeiro, leia o título do texto a seguir e pense nas situações que podem acontecer, depois faça uma lista do vocabulário que normalmente se pode ouvir nessas situações. Para ajudar, coloque em três colunas; verbos, adjetivos e substantivos, usando o seu dicionário para traduzir do português para o inglês, quando necessário.

A DISASTROUS PLANE TRIP					
UMA VIAGEM DE AVIÃO DESASTROSA					
VERBS		ADJECTIVES		NOUNS	
miss the plane	*perder o avião*	delayed	*atrasar*	airport	*aeroporto*
		bored	*entediado*	flight	*voo*
leave	*sair, partir*	annoyed	*chateado*	seat	*assento*
arrive	*chegar*	terrible	*péssimo*	passport	*passaporte*

Segundo, leia e escute o começo do primeiro parágrafo do texto a seguir, e depois faça previsões sobre a continuação da história, de olho na lista de vocabulário já preparada:

> 'God, the worst trip I've ever had was when I went to Saudi Arabia. Everything went wrong from the very start. We got a taxi to the airport, but of course the traffic...'

Agora, faça a mesma coisa com os demais parágrafos, sempre fazendo a sua previsão antes de continuar:

> 'But we hadn't missed the flight, because...'

Coloque estas palavras na ordem de probabilidade que vai ouvir na próxima parte da história: **bad weather** (*tempo ruim*), t**o make a reservation** (*fazer uma reserva*), **on strike** (*em greve*), **to land** (*aterrissar*).

> 'Four hours later we finally got on the plane, but we couldn't sit down because...'

Qual situação você acha mais provável?

a. **The plane had mechanical problems.**
   O avião tinha problemas mecânicos.

b. **There was someone else in our seats.**
   Havia outra pessoa em nossos assentos.

c. **Everyone was dancing and singing.**
   Todo mundo estava dançando e cantando.

> 'After we had taken off, the flight attendants served the food...'

Pense em perguntas do tipo: O que eles comeram? A comida era boa ou ruim? Alguém passou mal? Caiu alguma comida ou bebida? etc.

> 'Suddenly, there was an announcement saying we had to do up our seatbelts...'

Faça sua previsão.

> 'When we finally got to Riyadh, the capital of Saudi Arabia, the airport was...'

Faça sua previsão.
Para terminar, coloque as frases na ordem certa para resumir a história:

1. **We had to make an emergency landing.**
   Tivemos que fazer um pouso de emergência.

2. **The food was disgusting.**
   A comida era nojenta.

3. **It took a long time to get to the airport.**
   Demorou muito para chegar no aeroporto.

4. **There were more people than seats.**
   Havia mais pessoas do que assentos.

5. **The country we went to has different laws.**
   O país que fomos tem leis diferentes.

6. **The plane was delayed taking off.**
   O avião atrasou para decolar.

Finalmente, escute o texto completo, e leia na página 196, para saber quantas previsões você acertou.

Exercício 2

'SKIM' E 'SCAN' (AUMENTANDO NÍVEL DE DIFICULDADE)

Escute o diálogo três vezes, cumprindo a tarefa e conferindo as respostas de cada etapa antes de continuar. Identifique:

1ª VEZ ▶ *Básico:*		*The number of people speaking and where they are.*
		O número de pessoas falando e onde elas estão.
2ª VEZ ▶ *Resumo ('Skim'):*		*Who the people are and why they are talking.*
		Quem são as pessoas e por que elas estão conversando.
3ª VEZ ▶ *Informações específicas*		*('Scan')*

a. **What did the customer buy?**
   O que o cliente comprou?

b. **When did he buy it?**
   Quando ele comprou?

c. **Why didn't it work?**
   Por que não funcionou?

d. **How much does the fax paper cost?**
   Quanto custa o papel do fax?

Exercício 3

DEDUÇÃO

Baseado no contexto, pense em possibilidades para preencher as lacunas em português e, se possível, traduza para o inglês:

1. **I haven't eaten since this morning, so I'm absolutely _____!**
   Não como nada desde hoje de manhã, então estou _____!

2. **The car broke down, so they had to _____ it to the mechanics.**
   O carro quebrou, então eles tiveram que _____ para a oficina.

3. **I was so exhausted last night that I slept like a _____ .**
   Eu estava tão exausto ontem à noite que dormi como uma _____

4. **When he saw the mouse, he _____ and jumped on the chair.**
   Quando ele viu o rato, ele _____ e pulou em cima da cadeira.

5. **He was driving so _____ that he didn't see the red light.**
   Ele estava dirigindo tão _____ que não viu o sinal fechado.

 **Finalmente,** escute as frases completas para conferir as suas previsões.
O objetivo é ver como se pode deduzir o sentido aproximado, sem a necessidade de entender tudo na frase!

A IMPORTÂNCIA DA ÊNFASE PARA SUA COMPREENSÃO

ÊNFASE EM PALAVRAS E FRASES

Em muitos cursos e livros de inglês, há uma tendência a se concentrar na *pronúncia de palavras individuais* que são fontes de erros e mal-entendidos para os estrangeiros. Mas, na verdade, as pessoas não conversam usando somente sons ou palavras separadas; a combinação de palavras em conversas rápidas produz uma área de pronúncia muito importante para o sucesso da compreensão. Neste capítulo, gostaria de examinar as principais mudanças de sons causadas por ênfase e ritmo nas conversas típicas de nativos de qualquer país onde se fala inglês. O objetivo, pelo menos no início, é *perceber mais do que produzir*, entender melhor a pronúncia natural que ouvimos em filmes, músicas e conversas com nativos, além de ajudá-lo a tornar o seu inglês cada vez mais natural e diminuir os fatores que contribuem para a permanência do sotaque estrangeiro.

BAIXA INTENSIDADE ('WEAK FORMS')

Todas as palavras em inglês com mais de uma sílaba têm mais ênfase em uma das sílabas – uma parte da palavra que se fala um pouco mais alto, com uma duração um pouco maior, a chamada 'sílaba tônica' (**stressed syllable**). Por outro lado, as sílabas que *não* são enfatizadas em inglês ficam mais leves, mais 'fracas' (**weak forms**), com uma intensidade baixa, e, consequentemente, é possível ocorrer uma mudança na pronúncia que pode impedir sua compreensão. Essa baixa intensidade pode fazer *parte da própria palavra*, o que significa que uma parte da palavra sempre tem uma intensidade baixa, ou a baixa intensidade pode ser causada pelo *uso dessa palavra dentro de uma frase* de acordo com a sua importância relativa.

Um exemplo que serve muito bem para entender a função da ênfase de palavras são as crianças que estão aprendendo a falar a sua língua-mãe. No início, toda criança tem uma tendência a reduzir até o mínimo o número de sílabas necessárias para exprimir a sua mensagem e a cortar as outras. Por exemplo, no lugar de dizer 'não consigo abrir', meu filho de dois anos falava '*não sigo brir*', exatamente porque ele aprendeu as palavras ouvindo primeiro as partes mais enfatizadas.

A diferença é que, em inglês, nas partes da palavra ou da frase *não enfatizadas*, pode acontecer uma mudança significativa de pronúncia, o que tem uma grande influência na dificuldade de compreensão. A boa notícia é que o som produzido por essa baixa intensidade é quase sempre o mesmo: '*schwa*'. O quê? Schwa! O nome do símbolo /ə/, o som produzido quando a boca está completamente relaxada, por exemplo 'pizza, 'a minute' ou 'America'. O som é parecido com o /ã/ de português, embora esse seja um pouco mais nasal do que o *schwa* (/ə/), então para realmente captar a pronúncia correta, é melhor escutar os exemplos no áudio. Na verdade, é o som de vogal mais comum em inglês, e sem uma análise das situações em que esse som aparece, simplesmente não é possível entender a pronúncia em conversas rápidas na língua inglesa.

Mas não pense que usar o som de *schwa* representa uma pronúncia preguiçosa ou que 'não se deve falar assim'. Lembre-se de que até a rainha da Inglaterra, o primeiro-ministro do Canadá e o presidente dos Estados Unidos também falam assim em conversas naturais!

BAIXA INTENSIDADE EM PALAVRAS SOLTAS

Antes de examinar as mudanças de som em frases, é importante começar com diversos exemplos de palavras soltas que sempre têm o som de *schwa*, porque há uma sílaba que nunca é enfatizada. O som pode ser encontrado:

- **No começo da palavra.** Geralmente representado pela letra 'a': *arrive, about, again, asleep, apartment, afraid...*

- Pode também aparecer na primeira sílaba, depois de outra letra, como: *together, forget, profession, survive, believe, Police...*

- **No meio da palavra.** Geralmente representado pelas letras **e(r)**, **o(r)** ou **(u)r**: *exercise, yesterday, understand, information, elephant, envelope, opposite, Saturday, terrible, engineer...*

- **No final da palavra.** Em quase todos os tipos de inglês menos americano/canadense, a grande maioria dos substantivos e adjetivos que terminam em **er, or, ar, our**: *brother, water, computer, another, paper, better, bigger, later, longer... doctor, motor, sugar, beggar, favour, color, picture, figure...*

Em todos os tipos de inglês, o som aparece em uma **variedade de sufixos**, como:

- ◆ **-ATE** /ăt/: chocol**ate**, certific**ate**, immedi**ate**, delic**ate**, unfortun**ate**, deliber**ate**.

- ◆ **-ABLE/-IBLE** /ābāl/: veget**able**, comfort**able**, reli**able**, poss**ible**, incred**ible**.

- ◆ **-OUS** /ās/: fam**ous**, seri**ous**, danger**ous**, jeal**ous**, ridicul**ous**, humor**ous**, gener**ous**.

- ◆ **-(T/S)ION** /chān/: na**tion**, educa**tion**, atten**tion**, ten**sion**, expres**sion**, elec**tion**.

Exercício 1

BAIXA INTENSIDADE EM PALAVRAS SOLTAS

Escute as palavras a seguir, e decida se A ou B inclui uma sílaba sem ênfase com o som de **schwa**:

1.	**a.** inform	**b.** information	5.	**a.** unlucky	**b.** separate
2.	**a.** business	**b.** company	6.	**a.** annoying	**b.** irritating
3.	**a.** housewife	**b.** policeman	7.	**a.** frightened	**b.** frightening
4.	**a.** woman	**b.** women	8.	**a.** toothache	**b.** tomorrow

Escute a segunda versão; desta vez a sílaba com o som de schwa é repetida.

BAIXA INTENSIDADE EM FRASES COMPLETAS

Além das palavras que sempre contêm uma sílaba com *schwa* (porque não são enfatizadas), essa baixa intensidade é muito perceptível em frases, na distinção entre as sílabas com ênfase e as sem ênfase, que caracterizam uma conversa natural. Muitas vezes, meus alunos me perguntam sobre as letras de uma música (*the lyrics/words of a song*), o que significa, por exemplo, 'Never **gonna** give you up' ou '**Dya wanna**

dance?'. É simplesmente um jeito de escrever o som que é produzido quando falamos as palavras '**going to**', '**do you**' e '**want to**' rapidamente, incluindo a forma de baixa intensidade: 'Never *going to* give you up', '*Do you want to* dance?'. As partes no meio das frases ficam reduzidas para /**gãnã**/ (*going to*), /**diã**/ (*do you*) e /**uonã**/ (*want to*), respectivamente.

As pesquisas mostram que, geralmente, as pessoas falam em pequenos **blocos de linguagem**, separados por pausas, e que, dentro de cada bloco, são enfatizadas as sílabas que carregam mais informações, e as outras sílabas têm menos ênfase e uma pronúncia mais rápida. Se você assiste a um filme ou escuta uma música em inglês, vai ouvir muitos exemplos dessa mudança de pronúncia, porque os nativos naturalmente mudam a ênfase de acordo com a importância de cada palavra para os seus objetivos de comunicação.

É importante salientar como em inglês **as palavras que contêm as informações principais têm mais ênfase** e, consequentemente, as outras palavras têm menos (ou seja, 'baixa intensidade'), o que causa uma mudança na pronúncia:

♦ O exemplo mais básico é a palavra '**a**' (*um/uma*). A primeira letra do alfabeto tem o som de /**ei**/, mas, quando vem antes de um substantivo ('*a cat*', por exemplo), o som muda para *schwa* = /**ã** kat/.

♦ A mesma coisa acontece com a palavra '**of**', que sozinha tem o som de /**óv**/, mas, quando faz parte de uma frase ('*a glass of wine*' – uma taça de vinho, por exemplo), o som fica mais leve, mais rápido, e muda para *schwa* = /**ã** glás **ãv** uain/. De qualquer forma, as palavras que contêm as informações principais têm mais destaque, e as outras palavras ficam mais fracas com a mudança de som para *schwa*.

♦ Outro exemplo muito comum é a palavra '**and**', que sozinha tem o som de /**and**/, mas, quando faz a conexão entre duas palavras (como '*rock and roll*' ou '*black and white*'), tem o som de *schwa* = /**ãn**/, que, às vezes, é representado somente pela letra '*n*' (rock *'n* roll, black *'n* white).

A GLASS OF WATER

ã glas ãv uótã

Uma maneira fácil de elencar vários exemplos das formas fracas em frases com palavras curtas (veja página 31) é imaginar uma lista de compras, que resume muito bem as palavras que geralmente têm baixa intensidade com o som de *schwa* (em negrito no texto):

> **Some** milk **and** eggs, **a** can **of** peas, **a** snack **for** lunch, some fruit **and** cheese.

> **Some** food **for the** dog, **a** jar of jam, **some** juice **to** drink, **a** slice **of** ham.

> **Some** pears **or** grapes, **some** beans **and** rice, **a** can **of** beer, **as** cold **as** ice.

> *Leite e ovos, uma lata de ervilhas, um lanche para o almoço, fruta e queijo.*
> *Comida para o cachorro, um pote de geleia, suco para beber, uma fatia de presunto.*
> *Algumas peras ou uvas, feijão e arroz, uma lata de cerveja, bem gelada.*

Além das palavras curtas (**artigos** e **preposições**), você vai ouvir outros exemplos comuns dessa mudança de som com **pronomes** (como '*you*'), **verbos auxiliares** (como '*do*') e **verbos modais** (como '*can*'). Isoladamente, essas palavras têm a pronúncia de /**iú**/, /**dú**/ e /**kén**/, respectivamente, mas, dentro de uma frase natural, têm baixa intensidade e mudam de pronúncia: /**iã**/, /**dã**/ e /**kãn**/:

> He can /**kãn**/ speak French. Can /**kãn**/ you?
> *Ele sabe falar francês. Você sabe?*

> Do you /**dã iã**/ take the subway or do you /**dã iã**/ walk?
> *Você pega o metrô ou você vai a pé?*

Mas como podemos saber quais palavras contêm as informações principais em frases mais extensas? Para esclarecer, imagine que você precise mandar um sms e que cada palavra custe bem caro. A mensagem completa que quer mandar é:

> **I'll be arriving in São Paulo at 8 o'clock. Can you meet me at the airport?**
>
> *Vou chegar em São Paulo às 8h. Pode me encontrar no aeroporto?*

Para economizar, quais palavras são essenciais para comunicar essa mensagem?

> **arriving... São Paulo... 8... meet (me)... airport?**

Se essa frase estivesse numa conversa, exatamente essas palavras seriam as mais significativas, ou seja, os verbos principais e os substantivos/ lugares, enquanto as outras palavras, os pronomes, verbos auxiliares e as preposições, teriam uma pronúncia mais rápida, com uma mudança consequente na pronúncia:

> *abl* **arriving** *in* **São Paulo** *ät* **8** *ã'clock. kãn iã* **meet me** *ät thã* **airport?**

Para isolar ainda mais a variedade de intensidade, uma sugestão é falar frases batendo as mãos ou os pés nas partes com mais ênfase. Escute e repita:

- *She* **went** *to the* **store** *to* **get** *some* **bread** *and* **milk**.
- *Did you* **know** *that* **Steve lost** *his* **job?**
- **We** *can* **wait** *for a* **bus,** *but it could* **take** *a* **while**.

Vamos ver mais um exemplo, mas desta vez começando pela mensagem com as informações principais. Imagine um empresário que esteja viajando e mande esta mensagem para a sua assistente:

> **Conference postponed. Change the flights. Back tomorrow.**
>
> *Conferência adiada. Troquem os voos. De volta amanhã.*

Como seria essa frase na forma completa? Existem opções diferentes, mas deveria ter incluído alguma combinação das seguintes frases:

The **conference** has been **postponed**.
Could you please **cancel** the **flights**?
I'll be **back tomorrow**.

O congresso foi adiado. Você poderia trocar os voos? Voltarei amanhã.

The **conference** was **postponed**.
Can you **cancel** the **flights**?
I'm coming **back tomorrow**.

O congresso foi adiado. Você pode trocar os voos? Vou voltar amanhã.

Mais uma vez, há uma grande probabilidade que as palavras adicionadas (que não estão em negrito) ficarem com baixa intensidade, exatamente porque *não* são as palavras consideradas mais importantes para expressar as informações principais.

Para ilustrar melhor como a ênfase em uma frase depende muito das informações em cada parte dela, podemos usar um exemplo um tanto artificial. Escute e repita as seguintes frases, batendo o seu dedo na mesa ou as palmas toda vez que uma palavra tiver ênfase:

Boys	kiss	girls.
The boys	kiss	girls.
The boys	kiss	the girls.
The boys	will kiss	the girls.
The boys	will have kissed	the girls.

O que você deve ter percebido é que a última frase tem mais ou menos a mesma duração que a primeira, e que a ênfase nas três palavras (boys, kiss, girls) *não muda*, mesmo quando a frase fica mais longa, exatamente porque as palavras que relataram as informações principais não mudaram. As outras palavras (**the, will** e **have**) são faladas de forma mais rápida para manter o ritmo básico da frase, e, como resultado, os sons mudam para uma forma fraca com schwa: /**thã**/, /**ãl**/ e /**ãv**/, respectivamente. Como isso não acontece com a mesma intensidade em português (geralmente duas vezes mais sílabas duram duas vezes mais tempo para falar), provoca uma influência enorme na compreensão de frases típicas na língua inglesa faladas com a velocidade natural.

Muitas vezes, a ênfase em frases típicas segue um padrão que podemos ilustrar com:

Círculos grandes (●) para as partes enfatizadas.

Círculos pequenos (●) para as partes não enfatizadas, as partes mais fracas, que vão incluir a mudança de pronúncia.

Escute e repita o ritmo nestas frases:

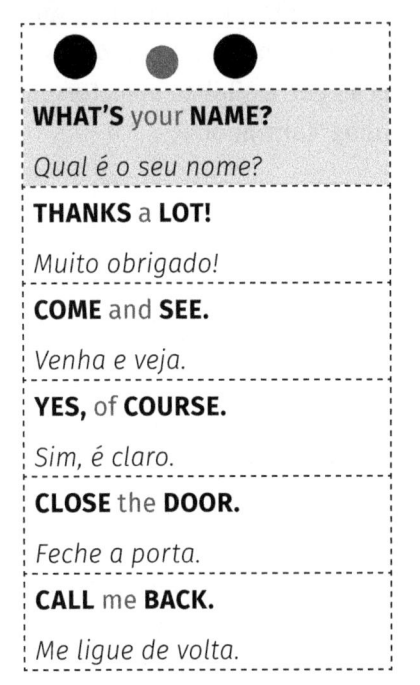

WHAT'S your **NAME?**

Qual é o seu nome?

THANKS a **LOT!**

Muito obrigado!

COME and **SEE.**

Venha e veja.

YES, of **COURSE.**

Sim, é claro.

CLOSE the **DOOR.**

Feche a porta.

CALL me **BACK.**

Me ligue de volta.

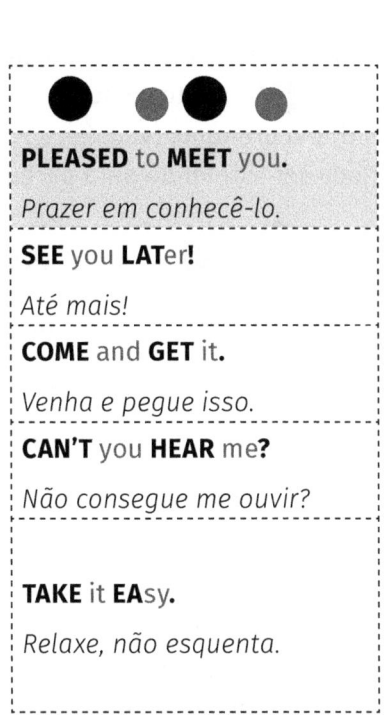

PLEASED to **MEET** you.

Prazer em conhecê-lo.

SEE you **LAT**er!

Até mais!

COME and **GET** it.

Venha e pegue isso.

CAN'T you **HEAR** me?

Não consegue me ouvir?

TAKE it **EA**sy.

Relaxe, não esquenta.

It's **TIME** to **GO.**	
Está na hora de ir.	
The **SHOP** was **CLOSED.**	
A loja estava fechada.	
The **BUS** was **LATE.**	
O ônibus atrasou.	
It's **HOT** and **DRY.**	
Está quente e seco.	
A **WASTE** of **TIME.**	
Uma perda de tempo.	

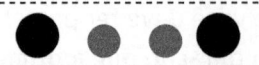

WHERE does he **LIVE?**
Onde ele mora?
WHAT do you **DO?**
O que você faz?
WHAT did she **SAY?**
O que ela disse?
HOW do you **KNOW?**
Como você sabe?
GIVE me a **HAND.**
Me dá uma mãozinha.
BRING me the **BILL/CHECK.**
Me traz a conta.

Dá para observar, com o último grupo de exemplos, que o padrão ● ●●● é muito comum com perguntas curtas, com o auxiliar (*do*, *does*, *did*) e o pronome (*you*, *he*, *she*) - formas fracas entre sílabas mais fortes. Pode ser estendido para perguntas nos tempos 'continuous':

WHAT are you **DO**ing?	*O que você está fazendo?*
WHERE was she **LIV**ing?	*Onde ela estava morando?*
HOW are they **DO**ing?	*Como eles estão indo?*
WHY are we **WAIT**ing?	*Por que estamos esperando?*
WHO are you **CALL**ing?	*Para quem você está ligando?*

Além disso, ressaltamos certas palavras na frase com uma função mais específica, que não causem tanta dificuldade, porque são geralmente iguais em outros idiomas. Compare os seguintes exemplos com seus equivalentes em português:

◆ Salientar uma parte mais relevante

A: Have you seen the **remote**? *Você viu o controle?*

B: Isn't it on the **sofa**? Or maybe it's **under** the sofa.

Não está em cima do sofá? Ou talvez esteja embaixo do sofá.

◆ Contrariar/corrigir

A: Theresa May is the English Prime Minister.

Theresa May é a primeira-ministra da Inglaterra.

B: No, she's the **British** Prime Minister.

Não, ela é a primeira-ministra da Grã-Bretanha.

◆ Adicionar detalhes

My name is Bond. **James** Bond. *O meu nome é da Silva. João da Silva.*

◆ Contrastar alternativos

Would you like a **smoking** or **non-smoking** room?

Você gostaria de quarto para fumantes ou não fumantes?

É interessante perceber como os movimentos corporais também refletem o ritmo gerado pelas partes com e sem ênfase:

◆ **No rosto.** A pessoa pode levantar as sobrancelhas, franzir a testa, endurecer a mandíbula, fazer um 'bico' ou contrair os olhos, muitas vezes marcando o ritmo das frases.

◆ **No corpo.** A pessoa pode inclinar o corpo para a frente, balançar a cabeça ou mexer os braços, as mãos ou até os pés.

Um exercício bem interessante é desligar o volume durante uma cena de um filme e prestar bastante atenção nos movimentos faciais e corporais, tentando adivinhar quando a pessoa está enfatizando as informações principais da sua mensagem. Depois, pode assistir novamente, mas dessa vez com o som ligado para conferir as suas previsões.

Exercício 2

PADRÕES DE ÊNFASE EM FRASES CURTAS

Escute e repita os exemplos de cinco padrões de ênfase comuns em inglês:

● ∙ ∙	**What's the time?** *Que horas são?*	**Where's the car?** *Cadê o carro?*
	Me and you. *Eu e você.*	**More and more.** *Cada vez mais.*
● ∙ ∙ ●	**Why did you stop?** *Por que você parou?*	**Do it again!** *Faça de novo!*
	Where were you born? *Onde você nasceu?*	**Put it away.** *Guarde isso.*
● ∙ ● ∙	**Just a moment.** *Só um pouquinho.*	**What an asshole!** *Que babaca!*
	Where's the bathroom? *Onde fica o banheiro?*	
∙ ● ∙ ●	**Tomorrow night.** *Amanhã à noite.*	**His wife was sick.** *Sua esposa estava doente.*
	Your sister called. *Sua irmã ligou.*	**I played at school.** *Eu jogava na escola.*
● ∙ ∙ ● ∙	**How are you feeling?** *Como você está se sentindo?*	**Where are you going?** *Aonde você está indo?*
	Give me the number. *Me passa o número.*	

Agora, escute as seguintes frases e coloque duas em cada um dos grupos anteriores:

1. I spoke to Matt. *Falei com o Matt.*

2. What do you want? *O que você quer?*

A IMPORTÂNCIA DA ÊNFASE PARA SUA COMPREENSÃO

3. Who are you? *Quem é você?*
4. Close the window. *Feche a janela.*
5. Where are you staying? *Onde você está hospedado?*
6. Turn it off. *Desligue isso.*
7. The dog is sick. *O cachorro está doente.*
8. Call the office. *Ligue para o escritório.*
9. Give me a break. *Me dá um tempo/desconto.*
10. Pass me the water. *Me passe a água.*

Exercício 3

ÊNFASE DE ACORDO COM AS INFORMAÇÕES PRINCIPAIS

Leia as cinco frases a seguir e sublinhe as palavras que contêm as informações principais:

1. I went to the supermarket to get some juice and a bottle of wine.
   Fui ao supermercado para comprar suco e uma garrafa de vinho.

2. The delivery was late and there was no receipt. Please can you send it today?
   A entrega chegou atrasada e não tinha recibo. Vocês podem mandá-lo hoje?

3. Do you have an umbrella that I can borrow for a few days?
   Você tem um guarda-chuva que eu possa pegar emprestado por alguns dias?

4. Mark and Lucy are getting married. The wedding will be in the summer.
   Mark e Lucy vão se casar. O casamento vai ser no verão.

5. Why don't we meet at the bar near your house, at about 9.00?
   Por que a gente não se encontra perto da sua casa, lá pelas 9h?

Agora, divida as palavras não sublinhadas em categorias (você decide como!).

 Finalmente, escute as frases, prestando atenção na ênfase relativa das palavras.

Vamos resumir, então, de uma forma visual, tudo que já aprendemos sobre a importância da ênfase em frases completas:

PALAVRAS GERALMENTE SEM E COM ÊNFASE EM FRASES COMPLETAS

AS PALAVRAS FORTES E AS PALAVRAS FRACAS

SEM ÊNFASE (com schwa)	COM ÊNFASE
Verbos auxiliaries: do, does, are, can, have, will, would, could	**Verbos principais:** eat, love, take, work, come etc.
Artigos: a, an, the, some	**Substantivos:** book, airport, idea etc.

SEM ÊNFASE (com schwa)	COM ÊNFASE
Preposições: to, for, at, from	**Adjetivos:** big, good, cold, funny etc.
Pronomes: I, you, him, my, us, them	**Advérbios:** well, just, quite, badly etc.
Conjunções: and, with, but, than	

Exemplos dos cinco grupos de palavras sem ênfase (com mudança de pronúncia, geralmente incluindo o som de schwa).

Escute todos os sons e exemplos até o final do capítulo no material de áudio.

ARTIGOS

♦ **a** → /ã/. Antes de outra palavra (substantivo, adjetivo ou advérbio):

> I booked **a** room at **a** cheap hotel.
>
> *Fiz a reserva para um quarto num hotel barato.*
>
> He's **a** happily married man.
>
> *Ele é um homem feliz no casamento.*

♦ **an** → /ãn/. Antes de palavras que começam com (o som de) uma vogal:

> **An** old film with **an** actor I like.
>
> *Um filme velho com um ator de que gosto.*

♦ **the** → /thã/. Antes de palavras que começam com (o som de) uma consoante:

> **The** best thing about **the** book is **the** useful index at the[1] end.
>
> *A melhor coisa do livro é o conveniente índice no final.*

---

[1] O quarto 'the' (de "the end") não é uma forma fraca porque "end" começa com o som de uma vogal, então a pronúncia é /thIi:/.

♦ some → /sãm/

> Would you like **some** more coffee?
>
> *Você aceita mais café?*
>
> We want to do **some** shopping.
>
> *Queremos fazer compras.*

(!) Quando 'some' tem o sentido de *'alguns, mas não todos'*, precisa ser enfatizado na frase e, por consequência, tem a pronúncia isolada de /**sam**/:

> **Some** of my friends are Brazilians and **some** are foreigners.
>
> *Alguns dos meus amigos são brasileiros e alguns são estrangeiros.*

PREPOSIÇÕES

♦ **to** → /tã/. Antes de consoantes:

> She went **to** the beach **to** get a tan.
>
> *Ela foi à praia para ficar bronzeada.*
>
> It's quarter **to** five; it's time **to** go!
>
> *São quinze para as cinco; está na hora de ir!*

(!) 'to' antes de vogais tem o som completo /**tu**/:

> It's quarter **to** eight; time **to** eat!
>
> *São quinze para as oito; está na hora de comer!*

♦ **of** → /ãv/

> At the end **of** the day, I often have a glass **of** wine.
>
> *No final do dia, muitas vezes eu tomo uma taça de vinho.*
>
> The President **of** Brazil is facing a lot **of** problems.
>
> *O presidente do Brasil está enfrentando muitos problemas.*

Existem várias combinações com 'of', com o som reduzido para /ãv/, como:

♦ **Quantidades:** *a lot of, loads of, a few of, many of, most of...*

♦ **Adjetivos:** *afraid of, tired of, bored of, sick of, careful of, jealous of...*

♦ **Recipientes:** *bottle of, glass of, packet of, tin of, tube of, box of, jug of...*

Most of the students are **bored of** doing grammar.

A maioria dos alunos está de saco cheio de gramática.

A **packet of** noodles, a **can of** corn and a **bottle of** wine. Gourmet dinner!

Um pacote de macarrão, uma lata de milho e uma garrafa de vinho. Jantar gourmet!

♦ **for** → **/fã/**. Antes de consoantes:

He's worked **for** the company **for** 3 years.

Ele trabalha na empresa há 3 anos.

→ **/fór/**. Antes de vogais (com r mais forte em inglês americano):

I'm looking **for** a present **for** Anne.

Estou procurando um presente para a Anne.

♦ **at** → **/ãt/**

Let's meet **at** the cinema **at** 7.30.

Vamos nos encontrar no cinema às 19h30.

She was looking **at** me **at** the party.

Ela estava olhando para mim na festa.

♦ from → /frãm/

> I'm **from** England, but my wife is **from** Brazil.
>
> *Eu sou da Inglaterra, mas a minha esposa é do Brasil.*
>
> I got a postcard **from** Andrea... **from** Africa!
>
> *Recebi um cartão-postal da Andrea... da África!*

CONJUNÇÕES

♦ and → /ãn/

> My uncle **and** aunt **and** my cousins came **and** stayed with us.
>
> *Meu tio, minha tia e os meus primos vieram e ficaram na nossa casa.*
>
> I had a steak **and** salad and apple pie **and** cream.
>
> *Comi um bife com salada e torta de maçã com creme de leite.*

Existem muitos pares comuns de palavras juntas com 'and':

Salt and pepper (*sal e pimenta*), **rice and beans** (*arroz e feijão*), **bacon and eggs** (*bacon com ovos*), **fish and chips** (*peixe com batata frita*), **less and less** (*cada vez menos*), **bigger and bigger** (*cada vez maior*), **me and you** (*eu e você*), **him and his wife** (*ele e a sua esposa*), **safe and sound** (*seguro*), **peace and quiet** (*tranquilidade*) e muito mais!

Em todos os casos, a redução do 'and' para /ãn/ é fundamental na compreensão da frase, exatamente porque junta as palavras de cada lado e deixa a frase como se fosse uma única palavra.

♦ but → /bã(t)/

> The food was excellent, **but** the service was terrible.
>
> *A comida estava excelente, mas o atendimento foi péssimo.*
>
> **But** why didn't you complain?
>
> *Mas por que você não reclamou?*

◆ as → /ãz/

> Argentinians are not **as** good at football **as** Brazilians!
>
> *Os argentinos não são tão bons no futebol quanto os brasileiros!*
>
> ---
>
> **As** far as I know, she went home **as** soon as she finished work.
>
> *Pelo que eu saiba, ela foi para casa assim que terminou seu trabalho.*

(!) Quando **as** tem o sentido de 'como, porque', tem o som completo de /**az**/:

> **As** it was raining, and **as** we had no money, we stayed at home.
>
> *Como estava chovendo, e como não tínhamos dinheiro, ficamos em casa.*

◆ than → /thãn/

> Recife is bigger **than** Curitiba, but smaller **than** Porto Alegre.
>
> *Recife é maior do que Curitiba, mas menor do que Porto Alegre.*
>
> ---
>
> More **than** anything, I want to sell more books **than** Paulo Coelho.
>
> *Acima de tudo, quero vender mais livros que o Paulo Coelho.*

◆ that → /thã(t)/

> I'm sure **that** your comprehension will improve and **that** you will understand movies more easily.
>
> *Tenho certeza de que a sua compreensão vai melhorar e que vai entender filmes com mais facilidade.*
>
> ---
>
> He's that* French guy **that** has a cooking show on TV.
>
> *Ele é aquele francês que tem um programa de culinária na televisão.*

*(!) Quando **that** tem o sentido de *aquele/a* ou *isso é*, tem o som de /thát/:

> **That's** weird, you like **that** shirt, but you don't like **that** one.
>
> *Isso é estranho, você gosta daquela camisa, mas não gosta daquela.*

PRONOMES

♦ you → /iã/. O pronome mais frequente de todos!

> What are **you** doing? Are **you** completely mad?
>
> *O que você está fazendo? Está completamente maluca?*

♦ your → /iã/

> I've met **your** dad, but not **your** mom.
>
> *Já conheci seu pai, mas não sua mãe.*

♦ you're (= you are) → /iã/

> **You're** forgetting one thing. **You're** quitting your job.
>
> *Você está esquecendo de uma coisa. Você está largando seu emprego.*

♦ I → /ai/. E, às vezes /ã/, dependendo da pessoa e do sotaque:

> **I** don't really like fish.
>
> *Eu não gosto muito de peixe.*
>
> Do you think **I** should call her back?
>
> *Você acha que eu deveria ligar para ela?*

♦ he → /i/

> I don't think **he**'s coming. Not if **he** has the flu.
>
> *Não acho que ele está vindo. Não se ele estiver gripado.*

♦ his → /iz/

> I love **his** sense of humor and **his** way of telling stories.
>
> *Adoro o seu senso de humor e o seu jeito de contar histórias.*

♦ him → /im/

> **A:** Do you know **him**? **B:** Yeah, I met **him** at a conference last year.
>
> *Você o conhece? Sim, eu o conheci numa conferência no ano passado.*

♦ her → /ã/

> If you really love **her**, you'll marry **her**.
>
> *Se você a ama de verdade, vai casar com ela.*

♦ them → /(th)ãm/

> Where are my glasses? I left **them** on the table.
>
> *Cadê meus óculos? Deixei-os em cima da mesa.*
>
> If you can't beat '**em** (them), join '**em**.
>
> *(Ditado) Se você não pode vencê-los, junte-se a eles.*

♦ do → /dã/. Antes de consoantes:

Where **do** you live?
Onde você mora?
Do they have a car?
Eles têm carro?
Why **do** fools fall in love?
Por que os tolos se apaixonam?

(!) Antes de vogais, usa-se a forma completa /du/:

How **do** elephants have sex?
Como os elefantes fazem sexo?
A free magazine? Where **do** I sign?
Uma revista grátis? Onde eu assino?

♦ does → /dãz/

What time **does** your flight arrive?
A que horas chega o seu voo?
Does your girlfriend have a sister?
Sua namorada tem uma irmã?

♦ are → /ã/. Antes de consoantes:

My students **are** studying for the Vestibular.
Meus alunos estão estudando para o Vestibular.

Também como verbo principal:

> Brazilians **are** friendly.
>
> *Brasileiros são simpáticos.*
>
> My mum and dad **are** in France at the moment.
>
> *Meus pais estão na França atualmente.*

♦ was → /uãz/

> While I **was** cleaning, she **was** lying on the sofa.
>
> *Enquanto eu estava limpando, ela estava deitada no sofá.*
>
> She **was** at home, but he **was** at the pub with his mates.
>
> *Ela estava em casa, mas ele estava no bar com a sua turminha.*

♦ (ha)s → /ãz/

> The place (**ha**)'**s** changed so much.
>
> *O lugar mudou muito.*
>
> Sérgio (**ha**)'**s** given up drinking.
>
> *Sérgio parou de beber.*

♦ (ha)ve → /ãv/

> Our suitcases (**ha**)'**ve** been lost!
>
> *As nossas malas foram perdidas!*
>
> They must (**ha**)'**ve** been sent back to London.
>
> *Elas devem ter sido mandadas de volta para Londres.*

♦ (ha)d → /ãd/:

> By the time John (**ha**)'**d** arrived, all the seats (**ha**)'**d** been taken.
>
> *Quando John chegou, todos os lugares tinham sido ocupados.*

Atenção! Quando **had** vem no começo da frase, usa-se a forma completa /**rad**/:

> **Had** you ever driven a car before?
>
> *Você já tinha dirigido um carro antes?*

Também é importante lembrar que, quando os verbos **have**, **has** e **had** são **verbos principais** (o presente e o passado do verbo 'ter'), usam-se as formas completas /**rav**/, /**raz**/ e /**rad**/, respectivamente:

> She **had** a lot of boyfriends, but now she **has** a husband, and they **have** 4 children.
>
> *Ela teve muitos namorados, mas agora tem marido, e eles têm quatro filhos.*

VERBOS MODAIS

♦ can → /kãn/

> **A: Can** I help you? **B:** Yes, **can** you tell me where the exit is?
>
> *A: Posso ajudá-lo? B: Sim, pode me dizer onde fica a saída?*
>
> **A: Can** you speak Spanish? **B:** No, but I **can** order a shot of tequila.
>
> *A: Sabe falar espanhol? B: Não, mas consigo pedir uma dose de tequila.*

(!) Na forma negativa (**can't**), existe uma diferença importante; em inglês americano, a pronúncia é 'can' com 't' no final – /**kent**/, o que muitas vezes dificulta a distinção entre as formas positivas e negativas, enquanto o inglês britânico inclui um 'r' leve no negativo – /**kánt**/, o que geralmente deixa a distinção mais fácil de ser percebida.

♦ (woul)'d → /ãd/

> Tony**'d** be happy to go, but his wife**'d** go crazy.
>
> *Tony ficaria feliz de ir, mas a esposa dele iria ficar maluca.*

→ /d/ (com pronomes)

> She'**d** do better if you'**d** stop interrupting her!
>
> *Ela faria melhor se vocês parassem de interrompê-la!*

♦ could → /kãd/

> If you **could** speak English really well, you **could** get a better job.
> *Se você falasse inglês muito bem, poderia conseguir um emprego melhor.*
>
> **Could** I have a black coffee and **could** you bring me the check, please?
> *Poderia me trazer um café preto e poderia fechar a conta, por favor?*

♦ should → /chãd/

> They **should** apologize and they **should** pay for the damage.
>
> *Eles deveriam pedir desculpas e deveriam pagar pelos danos.*

♦ must → /mãs(t)/

> You **must** leave the room by midday tomorrow.
>
> *Você deve sair do quarto até o meio-dia de amanhã.*

(!) Existem duas exceções importantes para quase todas as palavras citadas nas páginas 31 a 41! A pronúncia *não* muda quando:

1. *A palavra vem no final da frase:*

A: There's no coffee. Where can I get **some**?	**B:** I'll give you **some**.
A: Não tem café. Onde posso conseguir?	*B: Eu darei a você.*
What are you looking **for**? I'm looking for love.	
O que está procurando? Estou procurando amor.	
Where are you **from**? We're from Toronto.	
De onde você são? Somos de Toronto.	
The best party I've ever been **to**.	
A melhor festa a que já fui.	

I bought it for **you**.*

Comprei para você.

I think it's **his**.*

Acho que é dele.

I'm not sure what he **does**.

Não tenho certeza do que ele faz.

She asked me where her boyfriend **was**.

Ela me perguntou onde estava seu namorado.

Try to finish the project today if you **can**.

Tente terminar o projeto hoje, se puder.

I couldn't eat as much as he **could**.

Não consegui comer tanto quanto ele.

2. *Você quer enfatizar a palavra:*

You can drink **some** alcohol, but not a **lot**.

Pode beber um pouco de álcool, mas não muito.

The present is **from** John, not **for** him.

O presente é do John, não para ele.

I know **you** don't like Japanese food, but **I do**.

Sei que você não gosta de comida japonesa, mas eu gosto.

But he **does** have a job. He **was** unemployed, but **now** he works at the mall.

Mas ele tem emprego, sim. Estava desempregado, mas agora trabalha no shopping.

No, you **can** improve your English! Well, you **could**, if you studied more!

Não, você consegue melhorar o seu inglês! Bem, poderia, se estudasse mais!

---

* As únicas formas fracas que vêm no final da frase são os pronomes 'him', 'her' e 'them', que ficam com a pronúncia curta, sem ênfase, e muitas vezes se juntam com o verbo que vem antes: 'Forget *im* (him)'; 'Call *er* (her)'; 'Don't eat *em* (them)'.

Sei que a lista é extensa, mas, só para frisar, não podemos subestimar a importância de uma prática variada das formas fracas, porque são realmente fundamentais no processo de compreensão do inglês do dia a dia.

Exercício 4

ÊNFASE EM POSIÇÕES DIFERENTES NA FRASE

Leia e escute as frases a seguir. Quais das palavras sublinhadas nas frases são formas fracas (com *schwa*)? Em qual posição da frase *não* se usa a forma fraca?

1. **A:** Is this your phone? *Esse é o seu telefone?*
   B: No, isn't it yours? *Não, não é seu?*

2. **A:** Do you like shrimp? *Você gosta de camarão?*
   B: Of course I do! *Claro que gosto!*

3. **A:** Is this the end? *É o final?*
   B: No, this is only the beginning. *Não, este é apenas o começo.*

4. **A:** You could get a new one. *Pode comprar um novo.*
   B: I would if I could. *Compraria se eu pudesse.*

5. **A:** What's she afraid of? *Do que ela tem medo?*
   B: She's afraid of getting hurt. *Ela tem medo de ficar magoada.*

6. **A:** Was she at home last night? *Ela estava em casa ontem à noite?*
   B: Yes, I think she was. *Sim, acho que ela estava.*

7. **A:** Where've you been? *Onde você estava?*
   B: I've been shopping. *Estava fazendo compras.*

8. **A:** Where are you from? *De onde você é?*
   B: I'm from a small town in southern Brazil.
   Sou de uma cidadezinha do sul do Brasil.

9. **A:** They <u>were</u> kissing all night. *Eles estavam se beijando a noite toda.*
B: I know they <u>were</u>, don't remind me! *Eu sei, não precisa me lembrar!*

10. **A:** What are you looking <u>for</u>? *O que você está procurando?*
B: I'm looking <u>for</u> the car key. *Estou procurando a chave do carro.*

Exercício 5

ÊNFASE EM FRASES OU TEXTOS MAIS LONGOS

 Escute o texto sobre a vida do John Lennon e anote as palavras *sem* ênfase, sublinhando-as ou circulando-as:

John Lennon was born in Liverpool in 1940. In 1957, at the age of sixteen, he formed his first band. Paul McCartney soon joined him, and after experimenting with several names, they finally decided to call themselves *The Beatles*. After four months playing in Germany, the group managed to get a recording contract and became an overnight sensation. John married Cynthia Powell in 1962, when she was pregnant with his son Julian, who was born the following year.

From 1963 to 1970, the group became 'more popular than Jesus' (as John Lennon famously remarked), and after recording some of the most classic albums in rock history, finally split up to pursue their solo careers. John spent the next years recording and campaigning for peace with his partner, Yoko Ono, until in 1980 he was tragically shot in New York by a crazed fan called Mark Chapman.

John Lennon nasceu em Liverpool, em 1940. Em 1957, com 16 anos, formou seu primeiro grupo. Logo após, Paul McCartney se juntou a ele, e, depois de experimentarem vários nomes, finalmente escolheram The Beatles. Após quatro meses tocando na Alemanha, o grupo conseguiu um contrato de gravação e virou a sensação do momento. John casou-se com Cynthia Powell em 1962, quando ela estava grávida de seu filho Julian, que nasceu no ano seguinte.

De 1963 até 1970, o grupo ficou 'mais popular do que Jesus' (famoso comentário de John) e, depois de gravar alguns dos discos mais clássicos da história do rock, finalmente se dissolveu e todos seguiram carreiras solo. John passou os anos seguintes gravando e fazendo campanhas para a paz com sua parceira, Yoko Ono, até que em 1980 foi tragicamente morto a tiros em Nova York por um fã enlouquecido chamado Mark Chapman.

Agora, escute a biografia pelo menos mais uma vez para confirmar a ênfase prevista.

JOHN LENNON was BORN at the BEGINNING of the FORTIES

3

ENTONAÇÃO - RITMO E MELODIA

Todos os idiomas têm a sua própria '*melodia*', causada pela variação de tons adotados para expressar as sutilezas de nossos sentimentos e nossas atitudes. Basicamente, *a voz sobe e desce* para comunicar uma mensagem diferente, de acordo com a melodia produzida. Para ilustrar, imagine que você tenha chegado em casa e queira saber se o seu irmão Paulo está. Então, você o chama: 'Paulo?'. A entonação que se usa é *subindo*, porque está formando uma pergunta. Agora, imagine que na hora de abrir a porta ouça um barulho, então pergunta: 'Quem está aí?', e a resposta vem: 'Paulo'. Nesse caso, a entonação está *caindo*, porque Paulo está respondendo 'Sou eu, Paulo'.

O problema é que, às vezes, existem na língua inglesa outras convenções de entonação que podem fazer com que o brasileiro entenda uma mensagem diferente do que o falante pretendia transmitir, por ter usado uma melodia diferente das convenções em português. Neste livro, então, o objetivo é dar algumas dicas para melhorar sua consciência dos padrões de entonação em inglês, principalmente direcionadas às áreas que geralmente causam dificuldades de compreensão.

TREINANDO O SEU OUVIDO PARA RECONHECER A ENTONAÇÃO

Para reconhecer os padrões de entonação, o primeiro passo é perceber a melodia da língua inglesa em filmes e gravações. Comece prestando atenção em quais partes da frase a entonação está subindo, tentando repeti-las com a mesma cadência. Podemos demonstrar por meio de um diálogo algo exagerado, composto inteiramente por palavras únicas:

♦ *'**Shadow Reading'** ('Leitura de sombra'). Tente ler em voz alta um texto (como o da página 44) simultaneamente à gravação. Além de ser uma prática produtiva na pronúncia das palavras e frases, é uma forma excelente de reconhecer melhor a melodia do inglês natural. Comece com frases isoladas, repita um trecho várias vezes e, aos poucos, vá aumentando a quantidade de texto.

♦ **Isolar a entonação**, repetindo somente a melodia: 'hum, hum, hum, hum' ou 'laa, laa, laa, laa', de preferência em voz alta. Ou pode representar a entonação fisicamente, usando a mão ou uma caneta enquanto está repetindo uma frase, levantando quando o tom estiver alto e descendo quando estiver baixo.

♦ **Anote em seu caderno** as entonações das frases que você considera importantes. Não faz mal se você ainda não domina completamente os recursos de entonação, o importante é que anote a melodia que *você ouve* e que preste atenção nessas anotações enquanto estiver estudando frases completas. Existem pelo menos três maneiras de anotar a entonação de uma frase:

---

* *English Pronunciation in Use* (Editora CUP).

Flechinhas:	sobe	desce	sobe/desce	desce/sobe	plano
Uma linha contínua:					
Com as próprias letras:	menu				

1. Where do you live?

2. Why don't we go to the movies?

3. Can I see the menu please?

AS DIFERENÇAS PRINCIPAIS DA ENTONAÇÃO NA LÍNGUA INGLESA

Frases positivas

Em geral, a língua inglesa apresenta um pouco mais de *variação na melodia* do que a língua portuguesa, tanto em frases positivas quanto em perguntas, que já começam em um tom mais alto, que continua até a última sílaba da frase. Compare:

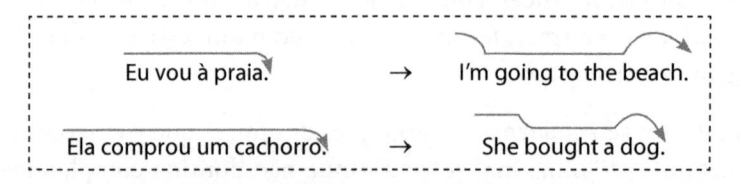

Eu vou à praia.	→	I'm going to the beach.
Ela comprou um cachorro.	→	She bought a dog.

As frases em português aumentam um pouco e declinam bastante nas palavras finais: praia, cachorro. Em inglês, por outro lado, elas aumentam bastante e declinam um pouco: beach, dog. Se as frases fossem faladas com a entonação típica do português, poderia dar a impressão de não estar muito a fim de ir à praia, ou de não gostar muito de cachorro. Esse fenômeno é mais destacado quando se trata de uma *lista de ações*:

I stayed at home, lying on the sofa, watching movies and eating popcorn; it was lovely!

Eu fiquei em casa, deitado no sofá, assistindo a filmes, comendo pipoca; foi uma delícia!

Há implicações importantes para a *compreensão da atitude* do falante, porque os altos e baixos mais marcados podem dar a impressão de que o falante não está sendo sincero, que está enviando uma mensagem diferente das palavras usadas. Lembro-me da primeira vez que minha esposa foi à Inglaterra e pensou que todo mundo estivesse gozando a sua cara, ou pelo menos exagerando, exatamente por causa da entonação e expressões faciais mais marcadas. Na verdade, muitas vezes é o contrário; quando você quer mostrar *educação e interesse*, há uma tendência a usar uma melodia mais variada, meio cantando, o que, em geral, é menos comum em português.

♦ **Frases mostrando atitude.** Como na maioria dos idiomas, a atitude do falante pode ser revelada por meio das variações da entonação. Por exemplo, um tom mais alto pode significar surpresa ou admiração, um tom mais baixo pode indicar desprazer ou irritação; ao utilizar uma melodia marcada por muitos altos e baixos, você pode mostrar educação ou respeito, enquanto o contrário, pouca melodia, com pouca diferença entre altos e baixos, pode representar tédio ou falta de interesse. Talvez o tipo de entonação mais difícil de interpretar seja o uso frequente de **ironia** em inglês, que, muitas vezes, é indicada por *uma falta* de melodia marcada, por uma entonação mais 'plana', sem muita ênfase e sem muitos altos e baixos. A consequência é o contrário para muitos estrangeiros; da mesma forma que a entonação mais educada pode parecer irônica, pode ser difícil perceber quando a ironia realmente está sendo usada.

Geralmente, quando a pessoa está transmitindo uma mensagem com uma atitude menos educada ou sem muita sinceridade, a frase já começa com um tom mais baixo. Um exemplo simples e comum é a frase 'thanks a lot' (*muito obrigado*). Para mostrar mais educação ou entusiasmo, a frase começa alta, desce um pouquinho e sobe novamente no final:

Thanks a lot.

Por outro lado, para dizer a mesma frase, mas com um sentido de ironia, para mostrar que não é merecido ou que a pessoa te deixou na mão, é mais provável que a entonação comece mais baixa e depois desça ainda mais no final da frase:

Thanks a lot.

Outro exemplo é quando você se manifesta sobre a qualidade de algo e fala o *oposto* com uma entonação que deixa claro que está sendo irônico. Compare:

Did you enjoy the speeches?

Yeah, they were really interesting. [*sincero*]

Você gostou dos discursos? Sim, foram bem interessantes!

Did you enjoy the speeches?

Yeah, they were really interesting. [*irônico*]

Também é possível empregar uma entonação bem exagerada para indicar uma atitude de ironia, de estender as palavras de uma forma exagerada.

Yeah, they were *r e a l l y* interesting.

Essa segunda forma de expressar ironia é comum em outros idiomas, e geralmente não causa tantos problemas de compreensão quanto o primeiro. Escute mais um exemplo:

A: I left the dirty clothes on the floor. | **B:** Oh, *p e r* fect, *e x a c t l y* what I wanted.
A: Deixei as roupas sujas no chão. | *B: Oh, perf e i to, exa t amente o que queria.*

Resumindo, o uso de ironia depende muito da pessoa, do tipo de situação ou de relacionamento e até do tipo do inglês (por exemplo, os britânicos são famosos por seu humor irônico) e, por esse motivo, é necessário ter bastante experiência para dominar esse aspecto de compreensão.

♦ **Frases interrogativas.** Em geral, perguntas rotineiras têm uma entonação similar ao português (*'onde você mora?'- 'where do you live?'*). A grande diferença, claro, é que em português a pergunta é formada usando apenas entonação (compare *'Você mora no centro'* com *'Você mora no centro?'*), enquanto em inglês você tem que usar o verbo auxiliar (*'You live in the centre'- **'Do** you live in the centre?'*). Consequentemente, às vezes pode ficar mais difícil contar com as pistas da melodia e é preciso prestar mais atenção às pistas gramaticais, ao uso de **do**, **does**, **did**, **have** etc.

Porém, existem dois tipos distintos de entonação na formação de perguntas em inglês:

'Aberto', quando a pessoa realmente não sabe a resposta, e *'Check'*, quando a pessoa está somente confirmando uma informação. No primeiro tipo, a entonação normalmente sobe mais do que no segundo:

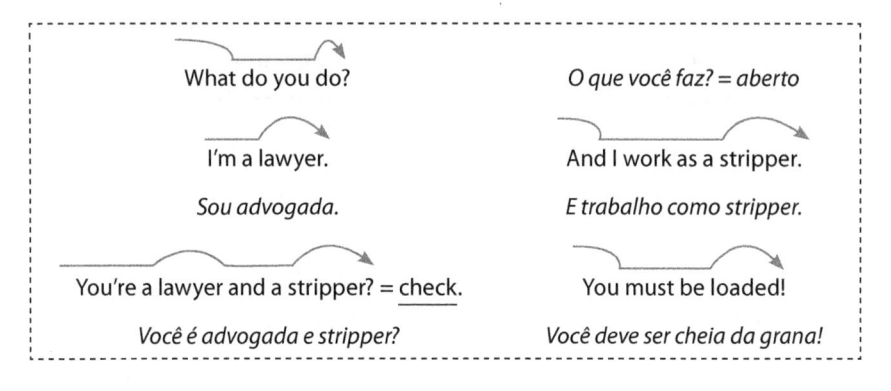

Essa diferença de entonação também aparece em **'question tags'**, ou seja, uma pergunta curta no final da frase para confirmar uma informação, como *'não é?'* ou *'né?'*. Porém, em inglês, essas perguntas são formadas pelo verbo auxiliar:

You like seafood, **don't you**?   *Você gosta de frutos do mar, não é?*

 De acordo com os dois tipos de pergunta, *aberto* e *check*, também existem duas entonações possíveis para essas perguntas de confirmação:

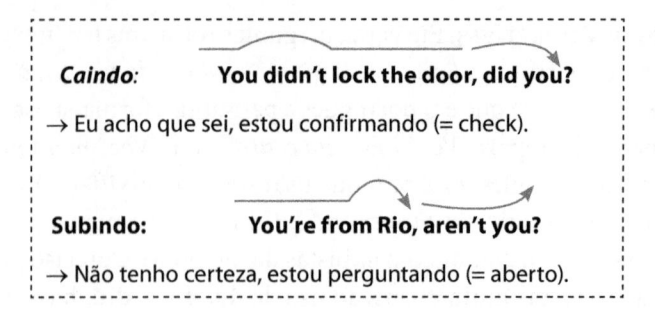

Caindo: **You didn't lock the door, did you?**

→ Eu acho que sei, estou confirmando (= check).

Subindo: **You're from Rio, aren't you?**

→ Não tenho certeza, estou perguntando (= aberto).

Como já vimos, em inglês há uma tendência a *exagerar atitudes positivas* em frases afirmativas ou interrogativas. Em geral, o inglês mais formal emprega uma entonação mais marcada, evidente em pelo menos quatro áreas principais:

 1. **Pedidos.** Quando você está pedindo informações, pedindo para alguém fazer algo ou pedindo permissão para fazer algo, é comum a frase começar com um tom *bastante alto*, subir mais um pouco na informação principal e descer bem no final, assim:

> Can I see the menu, please?   *Posso ver o cardápio, por favor?*

O equivalente em português começa com um tom *mais baixo* e tem um sobe/desce menos marcado no final. Outros exemplos:

> **Can you call back later?**
>
> *Você pode voltar a ligar mais tarde?*
>
> **Do you know where the bathroom is, please?**
>
> *Você sabe onde fica o banheiro, por favor?*
>
> **Do you mind if I borrow your bike?**
>
> *Você se importa se eu pegar emprestado sua bicicleta?*

2. **Ofertas.** O mesmo padrão de entonação – começa alta, sobe um pouco e cai no final – normalmente usado quando se está oferecendo algo ou se oferecendo para fazer algo:

> **Can I give you a hand with your bag?**
>
> *Posso te dar uma mãozinha com a sua mala?*
>
> **Would you like anything else, sir?**
>
> *O senhor gostaria de mais alguma coisa?*

3. **Respostas.** Imagine uma mãe que pede a seu filho para arrumar o quarto, e a resposta é 'tá bom'. Pode ser com entonação estável ou caindo 'tá bom' (*sei que não tenho escolha*), ou pode ser com entonação subindo 'tá bom!' (*obrigado por me dar esta oportunidade de arrumar o meu quarto!*). Principalmente quando está respondendo a um convite, oferta, pedido ou sugestão, mais uma vez a entonação em inglês *começa bem alta*, sobe mais um pouco e desce no final. Vamos ver primeiro alguns exemplos demonstrando mais educação com palavras individuais e, depois, frases mais completas:

> **A: I bought this present for you.**
>
> *A: Comprei este presente para você.*
>
> **B: Thanks... Lovely... I can't believe it... an iPod!**
>
> *B: Obrigado... Lindo... Não acredito... um iPod!*
>
> **A: Do you want to join us for lunch?**
>
> *A: Você quer almoçar com a gente?*
>
> **B: Love to... Sounds great... Can I bring a friend?**
>
> *B: Adoraria... Que boa ideia... Posso trazer um amigo?*

4. **Contrariando.** Finalmente, quando queremos *corrigir informações* ou *discordar* de alguém, podemos fazer de maneira educada, usando uma entonação apropriada.

 Para conselhos e sugestões, é normal usar uma entonação mais reservada e um tom mais baixo para não parecer crítico demais:

> **A: The bus leaves at 8.00.**
>
> *A: O ônibus sai às 8h.*
>
> **B: Actually, I think it leaves at 8.30.**
>
> *B: Na verdade, acho que sai às 8h30.*
>
> **A: If you ask me, Trump is a great president.**
>
> *A: Na minha opinião, Trump é um ótimo presidente.*
>
> **B: Really? I think he's an embarrassment to his country.**
>
> *B: Sério? Eu o acho uma vergonha para seu país.*

Finalmente, não esqueça que entonação é uma área complexa que demanda prática no longo prazo. Amplie aos poucos seu conhecimento das convenções principais, diminuindo, de forma regular, as dificuldades para entender a mensagem que está sendo comunicada com a melodia e as formas de ênfase do idioma.

Exercício 1

ENTONAÇÃO

Shadow Reading. *Mais exemplos dos padrões de ênfase usados em inglês para mostrar educação e interesse, especialmente em pedidos, ofertas, convites e respostas; a entonação começa alta, sobe mais um pouco e desce no final.*

Leia as frases junto com a gravação, tentando seguir a entonação mais marcada:

1. **Could you just sign here, please?**
   Pode assinar aqui, por favor?

2. **I was wondering if I could borrow your pen?**
   Gostaria de saber se pode me emprestar a sua caneta.

3. **You couldn't pass me the salt, could you?**
   Você pode me passar o sal?

4. **Any chance we could be upgraded to business class?**
   Existe a possibilidade de fazer um upgrade para a classe executiva?

5. **May I offer you something to drink, madam?**
   A senhora aceita algo para beber?

6. **That was absolutely delicious, thank you.**
   Estava uma delícia, obrigado.

7. **Do you want to come over for dinner on Saturday?**
   Vocês querem vir à nossa casa para jantar no sábado?

8. **I'll wash the dishes, shall I?**
   Eu vou lavar a louça, tá bom?

Exercício 2

MOSTRANDO EDUCAÇÃO E SINCERIDADE

Escute as frases a seguir duas vezes e decida se a entonação é mais *educada* (E) ou *mal educada/irônica* (M):

1. **Could I close the window, please?**
   Posso fechar a janela, por favor?

2. **Thanks for everything, we had a lovely time.**
   Obrigado por tudo, a gente se divertiu muito.

3. **Do you want some help with that?**
   Você precisa de ajuda com isso?

4. **Would you mind bringing me another one, please?**
   Você se importaria de me trazer mais uma, por favor?

5. **It was the best film I've ever seen.**
   É o melhor filme que eu já vi.

6. **Any chance you could stop making so much noise?**
   Existe a possibilidade de vocês pararem de fazer tanto barulho?

Exercício 3

ENTONAÇÃO EM PERGUNTAS

 Escute as perguntas a seguir e decida qual é do tipo *aberta* (entonação subindo) e qual é do tipo *check* (entonação caindo):

1. **Rodrigo has never met your parents, has he?**
   Rodrigo nunca conheceu seus pais, certo?

2. **You'll deposit the money today? That's great.**
   Vai depositar o dinheiro hoje? Tá ótimo.

3. **It's not the only bus this morning, is it?**
   Não é o único ônibus hoje de manhã, né?

4. **Is there air-conditioning in the classrooms?**
   Tem ar condicionado nas salas de aula?

5. **They've already finished the tunnel, haven't they?**
   Eles já terminaram o túnel, né?

6. **His sister lives in Canada, doesn't she? I think she does.**
   A irmã dele mora no Canadá, não é? Acho que mora, sim.

4

CONEXÕES ENTRE PALAVRAS EM CONVERSAS RÁPIDAS

Além das mudanças de pronúncia produzidas por intensidade e ritmo, *as conexões entre as palavras* em conversas cotidianas produzem outras modificações de pronúncia, com implicações significativas para a facilidade de compreensão. Quando conversamos, as palavras vêm com uma fluência contínua e não como uma série de palavras individuais uma após a outra, como seria o caso de uma voz sintetizada, por exemplo. Muitas vezes, isso significa que não chegamos a pronunciar *todos* os sons das palavras individualmente, porque a boca não tem tempo para terminar todos os sons e produz uma série de *aproximações e transições* em que a posição ideal não é atingida. Isso reflete o que pode ser chamado de 'princípio de esforço mínimo'; a tendência em conversas informais das pessoas é fazer o mínimo de esforço necessário para a comunicação efetiva, o que resulta na redução de alguns sons, que se transformam ou até desaparecem completamente na fluência de conversas típicas.

Não é preciso decorar todas as categorias deste capítulo, mas sim ficar consciente e apreciar essas mudanças de pronúncia, para que, aos poucos, você possa aumentar a probabilidade de melhorar a sua compreensão. Vamos dar uma olhada nas três categorias principais...

SONS QUE DESAPARECEM

Letras engolidas

LAS... NIGH... WAS THE MOS... DIFFICUL... PAR... FOR ME

Trata-se de um fenômeno bastante comum *um som desaparecer* quando duas palavras são pronunciadas juntas. Basta pensar na pronúncia normal de 'você está', que fica como *'ce tá'*, 'vamos embora', que fica mais parecida com *'vambora'*, ou *'tobrigado'*, a forma curta de 'muito obrigado'.

Basicamente, em uma conversa rápida, fica difícil a língua atingir a posição completa para pronunciar o som entre duas palavras, e, consequentemente, preferimos cortar o som completamente. Em inglês, o exemplo mais comum é com a letra '**t**', que muitas vezes as pessoas não pronunciam quando vem antes de outra consoante. Por exemplo, em uma conversa rápida, a frase 'last week' (na semana passada) fica *sem o som do 't'*, ou seja, /**lás uik**/. Na verdade, é bastante raro ouvir o 't' no final de palavras seguidas por outra consoante; então faz sentido começar com os exemplos mais comuns em conversas típicas.

- ♦ /t/ – that, but, it, not, don't/doesn't/didn't/won't etc., first, last, past, next, just, a lot, a bit, most, must, best, worst, might, night, right, light, east, west, out, different, difficult... etc.

> I remember that the last time was a bit difficult, but it won't be the next time.
>
> *Eu me lembro que a última vez foi um pouco difícil, mas não vai ser da próxima vez.*
>
> You must take the first road on the left, but not the second.
>
> *Vocês têm que pegar a primeira rua à esquerda, mas não a segunda.*
>
> It's the best restaurant in town, so it's the most difficult to get a table.
>
> *É o melhor restaurante na cidade, por isso é o mais difícil de conseguir uma mesa.*
>
> One of the worst results was when we lost to West Germany in 1990.
>
> *Um dos piores resultados foi quando perdemos para a Alemanha Ocidental em 1990.*

- ◆ **VERBOS (presente ou passado): get/got (back), meet/met, forget/forgot, let, set, regret, put, cut, shut, fit, hit, cost, lost, bought, brought, thought, caught, taught, kept, slept, left, sent, lent, spent, meant** etc.

> At first we got sent to the Frankfurt branch, where we spent weeks trying to cut costs.
>
> *No início, fomos mandados para a agência de Frankfurt, onde passamos semanas tentando cortar custos.*
>
> I regret to say that we sent the wrong samples, so it'll cost more to send them again.
>
> *Lamento dizer que enviamos as amostras erradas, então custará mais para enviar novamente.*

A outra letra que é perdida antes de uma vogal com muita frequência é o '**d**'. Por exemplo, as palavras '**World Cup**' (*Copa do Mundo*) ficam com a pronúncia de /**uerl kap**/, com o 'd' de 'World' engolido. A palavra mais comum desse tipo é '**and**', que, além da mudança do som de /**á**/ para /**ã**/ (página 21), também perde o 'd' no final; então fica mais parecido com /**ãn**/, muitas vezes escrito em situações informais como '**n**, como, por exemplo, 'salt '**n** pepper', 'fish '**n** chips'. Vamos ver uma seleção de outras palavras comuns que podem perder o som de /d/ da mesma maneira:

◆ **/d/ – told, said, had, made, bad, good, could/would/should, world, old, third, hundred, thousand, hard, heard, bird, bored, hand** etc.

> I heard that he had the third best time in the World Championship.
>
> *Fiquei sabendo que ele teve o terceiro melhor tempo no Campeonato Mundial.*
>
> He told me he was bored there. It's so hard for him living in the country.
>
> *Ele me falou que estava entediado lá. É tão difícil para ele morar no interior.*

◆ **VERBOS com passado regular (verbo + 'ed')**, tanto com som de /**t**/ no final (*watched, finished, passed, cooked* etc.) quanto com som de /**d**/ (*lived, studied, travelled, adored* etc.).

De qualquer forma, quando estão seguidos de uma consoante, muitas vezes o 'd' fica perdido, tornando difícil perceber a diferença entre o passado e o presente, o que exige mais atenção ao contexto:

> We finished dinner at about half past seven, then we watched the movie.
>
> *Terminamos o jantar às 19h30, depois assistimos ao filme.*
>
> When I realised what time it was, I had missed the plane.
>
> *Quando me dei conta da hora, tinha perdido o avião.*

Adjetivos formados com o particípio passado regular			
surprised	*surpreso*	**bored**	*entediado*
embarrassed	*envergonhado*	**amazed**	*impressionado*
confused	*confuso*	**astonished**	*espantado*
shocked	*chocado*	**frightened**	*com medo*
terrified	*com muito medo*	**worried**	*preocupado*
depressed	*deprimido*	**annoyed**	*chateado*
pleased	*contente*	**satisfied**	*satisfeito*

> Pleased to meet you. Hope you enjoyed the show.
>
> *Prazer em conhecê-lo. Espero que tenha gostado do show.*

> I was shocked to receive the letter, and astonished by the bank's attitude.
>
> *Fiquei chocada ao receber a carta e espantada pela atitude do banco.*

> We were worried that the kids would be frightened by the monsters.
>
> *Ficamos preocupados que as crianças iriam ficar com medo dos monstros.*

Os sons de 't' e 'd' representam a maioria dos casos de letras perdidas, mas existem sons de outras consoantes que podem ser omitidos, principalmente **/v/**, **/l/**, **/th/**, **/n/**, **/k/**, **/r/**. Leia e escute um exemplo de cada:

♦ /v/

> Of course, we've been trying to leave São Paulo for ages.
>
> *É claro, estamos tentando deixar São Paulo há muito tempo.*

♦ /l/

> Although she's always friendly, she also gossips all the time.
>
> *Embora ela sempre seja simpática, também fofoca o tempo todo.*

♦ /th/

> A few months later, she bought some clothes from the same store.
>
> *Alguns meses mais tarde, ela comprou mais roupas da mesma loja.*

♦ /n/

> It's known that Trump and Putin were meeting in secret.
>
> *Sabe-se que Trump e Putin estavam se encontrando em segredo.*

♦ /k/

> I asked David whether he expected any extra guests.
>
> *Perguntei a David se ele esperava mais convidados.*

♦ /ɪ/

> They love each other very much. This year they're going on a second honeymoon.
>
> *Eles ainda se amam muito. Este ano, eles vão para uma segunda lua de mel.*

Exercício 1

LETRAS QUE DESAPARECEM

Escute as frases e apague as letras 't' e 'd' que seriam engolidas em uma conversa natural (o primeiro já foi apagado na palavra '**test**'):

1. The tesX was quite hard really, but no more difficult than the last time.
   Realmente a prova foi um pouco difícil, mas não mais que da última vez.

2. She told me we must get a different kind of light for the next show.
   Ela me falou que temos que conseguir outro tipo de luz para o próximo show.

3. I thought you had sent the letter, but you left it at home, didn't you?
   Pensei que você já tivesse enviado a carta, mas esqueceu em casa, né?

4. I heard they have good deals on second-hand furniture.
   Fiquei sabendo que eles têm bons negócios em móveis usados.

5. We met just two weeks ago, and we're getting married this spring.
   Nós nos conhecemos há apenas duas semanas, e vamos nos casar na primavera.

Às vezes, *palavras inteiras desaparecem*. Isso ocorre quando o falante não considera necessário dar ou repetir uma informação, acreditando que o ouvinte vai entender assim mesmo. Imagine que você esteja assistindo a um documentário com um amigo e fale para ele: 'Interessante, né?' Na verdade, você está dizendo '*Este programa que nós estamos vendo é interessante, não é?*', mas não precisa incluir muitas palavras exatamente porque é óbvio baseado no contexto.

♦ O exemplo mais comum em inglês é o pronome **you**, que muitas vezes é omitido em perguntas que trazem o verbo auxiliar (*have*, *do*, *are*), o que, na verdade, deixa a frase mais parecida com a língua portuguesa:

Want another drink? = **Do you want** another drink?	*Quer mais um drinque?*
Got any money? = **Have you got** any money?	*Tem dinheiro?*
Seen my wallet? = **Have you seen** my wallet?	*Viu a minha carteira?*

Às vezes, o **verbo auxiliar** é omitido, mas o pronome 'you' está incluído (com baixa intensidade):

Where **you** going? = Where **are you** going?	*Aonde vai?*
How **you** doing? = How **are you** doing?	*Como vai?*
You ever been to Rio? = **Have you** ever been to Rio?	*Já esteve no Rio?*
You need a ride? = **Do you** need a ride?	*Precisa de uma carona?*

Pode acontecer também com o pronome **I** (+ um verbo auxiliar), mas este caso é mais frequente em frases afirmativas:

I've **Just been** to the doctor's. I've **Got** to take antibiotics.

Acabei de ir ao médico. Preciso tomar antibiótico.

I **Love** the earrings, I **Hate** the necklace. I'm **Not** a big necklace fan.

Adorei os brincos, odiei o colar. Não sou muito fã de colar.

O terceiro pronome que pode ser omitido é **it** (quando vem no começo da frase), geralmente com o verbo *to be* = it's:

It's **Strange** how she never seems to study.

Estranho como parece que ela não estuda.

It's **First** on the left, then second right.

A primeira à esquerda, depois a segunda à direita.

It's **Not** exactly the world's best hotel, is it?

Não é exatamente o melhor hotel do mundo, né?

Esse fenômeno é também comum com certos verbos, dentre os quais destacam-se:

1. **VERBOS MODAIS**, como '**must**' (*dever*), '**should/ought to**' (*deveria*), '**could/might/may**' (*talvez, pode ser que*):

Let's watch the match. It **Should** be just starting.

Vamos assistir ao jogo. Deve estar começando.

> X**Must** remember to get her a birthday present.
>
> *Tenho que lembrar de comprar um presente de aniversário para ela.*
>
> X**Might** rain later, so you'd **better** take an umbrella.
>
> *Pode chover mais tarde, então é melhor levar um guarda-chuva.*

2. **PROCESSOS MENTAIS**, como: **think** (*pensar*), **know** (*saber*), **wonder** (*perguntar-se/será que*), **guess** (*pensar/achar/adivinhar*), **reckon** (*pensar/achar* – informal), **suppose** (*achar/pensar*) e **hope** (*esperar*, no sentido de ter expectativas):

> X**Guess** it's time to go. We **Hope** to see you soon.
>
> *Acho que está na hora de ir embora. Esperamos que a gente se veja em breve.*
>
> X**Don't know** why she left. X**Wonder** if she'll ever come back.
>
> *Não sei por que ela foi embora. Será que um dia ela vai voltar?*

3. **SENTIDOS**, como **seem/appear** (*aparecer em geral*), **look** (*parecer, ter aparência*), **sound** (*parecer, soar*), **taste** (*parecer, sentir o gosto de*), **smell** (*parecer, sentir cheiro de*) e **feel** (*parecer, sentir*):

> X**It Smells** awful I know, but X**tastes** delicious I swear!
>
> *Tem cheiro ruim, eu sei, mas o gosto é muito bom, juro!*
>
> X**Looks like** there's no 'it' in this sentence. Hold on...
>
> *Parece que não tem 'it' nesta frase. Peraí...*

O diálogo (meio artificial) a seguir mostra bem a influência potencial de palavras cortadas em uma conversa do tipo mais informal. Primeiro, leia e escute a coluna da esquerda e tente adivinhar quais palavras foram omitidas. Depois leia o diálogo completo na coluna da direita:

Diálogo com palavras cortadas	Diálogo completo
A: Problem?	**Do you have a** problem?
B: Got terrible backache.	**I've** got terrible backache.

Diálogo com palavras cortadas	Diálogo completo
A: Sounds nasty. Seen a doctor?	**That** sounds nasty. **Have you** seen a doctor?
B: Yeah, yesterday.	Yes, **I saw a doctor** yesterday.
A: Helpful?	**Was it** helpful?
B: Kind of. Gave me some pills. And a massage.	**It was** kind of **helpful. The doctor** gave me some pills. And **the doctor gave me** a massage.
A: Well, hope it gets better.	Well, **I** hope it gets better.

Exercício 2

PALAVRAS QUE DESAPARECEM

 Escute o diálogo entre dois amigos que acabaram de se levantar, e preencha as lacunas com as palavras que foram cortadas da frase. Para ajudar, há um espaço mais ou menos do tamanho necessário para cada palavra.

Exemplo: .... having fun? = Are you having fun?

A. .... morning Pete, ... feeling better?

B. ....'......... just a bit tired, that's all. .... want some coffee?

C. No, thanks, ...' .... given up coffee, and ....'................... ...
.... cigarettes.

D. Wow, ...'............ impressive. .... seen the sugar anywhere?

E. ....'............................. in the fridge. That reminds me, ...
.....'................................. got to go shopping.

F. .... can't. .... car's not working.

Quando uma palavra termina em consoante e a próxima começa por uma vogal, ocorre uma conexão entre os dois sons. Por exemplo, **hold on** (*espera aí*) tem uma conexão entre o 'd' de 'hold' e o 'o' de 'on' que deixa a frase com um som de: /**ról dón**/. Em alguns casos, essa transferência de som pode deixar duas frases totalmente diferentes com a mesma pronúncia, por exemplo '**an ocean**' e '**a notion**', ou até uma frase artificial que repete o mesmo som, como:

> The **cooks take** a long time to **cook steak**.
>
> *Os cozinheiros demoram para cozinhar o bife.*
>
> ---
>
> **I scream** for **ice-cream**.
>
> *Eu clamo por sorvete.*

Adorei um exemplo recente, de quando eu estava descrevendo a casa de um amigo para um aluno meu e falei que fica '**near my apartment**' (*perto do meu apartamento*)...'a Niemeyer apartment?!', retrucou ele, 'He must be so rich!' (*Ele deve ser muito rico!*). Meio bobo, é claro, mas serve para demonstrar o efeito da transferência de um som de uma palavra para a outra, principalmente com preposições (**up, out, on, at**...), com os artigos '**a/an**' ou com o pronome '**it**'. Vamos escutar mais uma seleção de frases comuns que apresentam essa mudança de som:

What's up? = /uo săp?/	O que foi/houve?	**Wake up.**[*] = /uêi kăp/	Acorde.
Get up. = /gué tăp/	Levante.	**Stand up.** = /stán dup/	Fique em pé.
Pick it up. = /piki tăp/	Pegue.	**Wait a moment.** = /uêi tămômen//	Espere um momento.
Get out! = /gué táut/	Sai daqui!	**Look out!** = /lu káut/	Cuidado!
Cut it out. = /kăti táut/	Pare com isso.	**Shut up!** = /cha dăp/	Cale a boca!
Take it off. = /têiki tóf/	Tire.	**Put it on.** = /puti tón/	Coloque.
Forget it. = /fã guédi(t)/	Esquece.	**Found it.** = /fáun dit/	Achei.
Not at all. = /nóta tol/	De forma alguma.	**At eight o'clock.** = /ătei tăklók/	Às 8 horas.
Come in, have a seat. = /ka min, ravă siit/	Entre, sente-se.	**For ages.** = /fã wreidjiz/	Durante muito tempo.
Loved it. = /lav dit/	Adorei.	**Have a nice trip.** = /răvănai strip/	Boa viagem.
See you later. = /siăl eitã/	Até mais.	————	

Gostei muito de uma historinha do livro *English Pronunciation in Use* (Editora CUP), que junta vários exemplos (meio artificiais) desse fenômeno ao longo de um dia típico. Escute, e veja como as palavras se juntam:

Got up at eight. = /gótapăteit/	Levantei às oito.
Got on a bus. = /gótonăbăs/	Entrei num ônibus.
Went into work. = /uentin tăuerk/	Fui para o trabalho.
Worked until two. = /uerkt ăntíltú/	Trabalhei até 14h.

---

[*] Com estes exemplos, fica claro que a transferência geralmente ocorre com preposições e pronomes, muitas vezes com phrasal verbs (put on, shut up, get out etc.).

Went out for lunch. = /uentaut fãlantch/	*Saí para almoçar.*
Slept in a chair. = /slept inãtchér/	*Dormi numa cadeira.*
Worked until six. = /uerkt ãntílsiks/	*Trabalhei até 18h.*
Back on the bus. = /bakãnãbãs/	*No ônibus novamente.*
Switched on the box. = /suitchton thãbóks/	*Liguei a televisão.*

Exercício 3

TRANSFERÊNCIA

Escute as frases e depois escreva: primeiro de acordo com o som que você ouve e, segundo, na forma como é escrita.

Exemplo: /uôsã matã?/ = What's the matter?

1. ....

2. ....

3. ....

4. ....

5. ....

6. ....

7. ....

8. ....

Confira a forma escrita e a forma fonética na página 201. Depois escute as frases novamente.

SONS QUE MUDAM

Quando uma palavra termina em consoante e a próxima também começa com uma consoante, é possível ocorrer a produção de um som que *não existe*, de fato. Essa combinação de duas palavras, que produz um som diferente das letras, geralmente ocorre quando os sons **t, d** ou **n** vêm no final de uma palavra. Na verdade, apesar de ser um fenômeno bastante comum, raramente exerce influência significativa na compreensão e, portanto, não há necessidade de se fazer uma análise muito profunda dessas mudanças, mas somente estar consciente de que podem acontecer.

Escute alguns exemplos típicos:

/t/ → /p/	Not me = /nóp mi/	*Eu não*
	Good boy = /gu pói/	*Bom menino*
	Great Britain = /greip britãn/	*Grã-Bretanha*
/t/ → /k/	That girl /thak gerl/	*Aquela menina*
	Won't go = /uonk gou/	*Não irá*
	Art gallery = /ark galari/	*Galeria de arte*
/d/ → /b/	Good morning = /gub morning/	*Bom dia*
	Sad people = /sab piipãl/	*Pessoas tristes*
/d/ → /g/	Bad cold = /bág kold/	*Resfriado forte*
	Good government = /gug gãvãmãnt/	*Bom governo*
/n/ → /m/	Gone back = /gom bák/	*Voltou*
	Can't believe = /karm bãliiv/	*Não pode acreditar*
	Sunburn = /sambern/	*Queimadura de sol*
/n/ → /ng/	Ben married /beng mérid/	*Ben se casou*
	One cup /uãng kap/	*Uma xícara*

CONEXÕES ENTRE PALAVRAS EM CONVERSAS RÁPIDAS

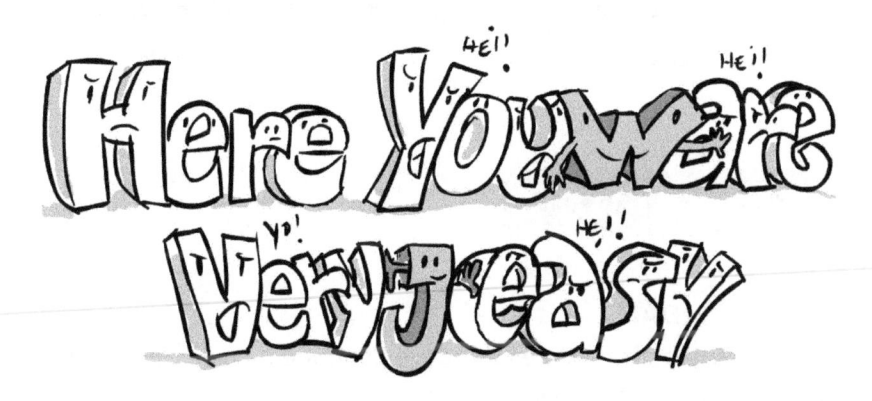

A última mudança de som ocorre quando uma palavra que termina em vogal é seguida por uma palavra que também começa com vogal. Nesses casos, existem dois sons que são produzidos apesar de *não estarem presentes* nas letras; por esse motivo, ganharam o apelido de 'sons intrusos'. O primeiro som intruso é de **/w/**. Na frase '**go on**', por exemplo, o som fica mais parecido com /gou **w**on/, ou '**no idea**', que parece /nou **w**aidia/. O segundo som que pode aparecer na frase é de **/j/** (/iã/); a frase '**I always**', por exemplo, fica /ai **iã**orlueiz/, e a palavra '**curious**' tem a pronúncia de /**k**iãriãs/. Veja mais alguns exemplos:

/w/	**Do up your seat belt.** = /du **w**ap ior siitbelt/		*Feche seu cinto de segurança.*
	Blue and green = /blu **w**and griin/		*Azul e verde*
	And so on = /ansou**w**on/		*Etc., e tal*
	Used to it = /iustu **w**it/		*Acostumado*
	Here you are. = /ria ju**w**ar/		*Aqui está.*
/j/	**Very easy** = /véri *jiizi/		*Bem fácil*
	Very expensive = /véri **j**expensiv/		*Muito caro*
	Really interesting = /riali **j**intresting/		*Muito interessante*
	Extremely old = /extriimli **j**ôld/		*Extremamente velho*

---

* O símbolo fonético /j/ representa o som de /iã/.

I agree. = /ai jagrii/	*Eu concordo.*
Don't be afraid. = /doun bi jãfreid/	*Não tenha medo.*
Free entry = /fri jentri/	*Entrada gratuita*

Exercício 4

SONS QUE MUDAM

Leia e escute as frases à esquerda, e combine as palavras em negrito com uma das mudanças de som à direita:

1. Can I have a **white coffee**? a. /d/ → /g/
2. I voted for the **Green Party**. b. /t/ → /k/
3. You can have a **bad meal** even in France. c. /t/ → /p/
4. They **shoot bears** in Canada, don't they? d. /d/ → /b/
5. I only had **one cup** of tea. e. /n/ → /m/
6. She won the **gold medal**. f. /n/ → /ng/

COMO FALAMOS EM BLOCOS
DE LINGUAGEM

Como já vimos na introdução sobre o processo de compreensão, as pessoas têm uma tendência a falar em blocos de linguagem e dividir o que estão dizendo em *grupos de palavras expressando um pensamento ou uma ideia*. Muitas vezes, esses blocos funcionam como um tipo de pontuação invisível, separados por pausas ou outra linguagem vaga, e com mais ênfase nas palavras que trazem as informações principais (veja capítulo 2).

Além disso, e ainda mais significativo para sua compreensão, as palavras em cada bloco podem ser *unidas e faladas sem nenhuma pausa evidente*, o que pode dar a impressão de que fazem parte de uma palavra só. Exemplos típicos em português: 'você não acha?', se transforma em /**sênãoacha**/; a frase 'está tudo bem aí?', que fica como /**tatudobemaí**/; e 'deixa eu ver' como /**chover**/. Grande surpresa: acontece a mesma coisa na língua inglesa! Escute alguns exemplos:

/uodãiãgãnãdu?/	= What are you going to do?	*O que você vai fazer?*
/fãguédãbaudit/	= Forget about it.	*Esqueça isso.*
/guedaudãrria/	= Get out of here.	*Saia daqui.*
/iãgodãbikidin/	= You've got to be kidding!	*Você deve estar brincando!*

Lembro também de um aluno que fez uma brincadeira sobre a pergunta 'What does she do?' (*O que ela faz?*), dizendo que, quando se fala rapidamente, parece mais língua japonesa do que inglesa – /**uodachidu**/!

Na verdade, podemos identificar dois motivos principais para as pessoas agruparem palavras em blocos divididos por pausas:

♦ Grupos de palavras separadas de acordo com a estrutura individual do discurso, os chamados '*blocos tonais*'.

♦ Grupos de palavras separadas de acordo com *expressões fixas ou semifixas,* muitas vezes com funções sociais.

BLOCOS TONAIS

Vamos começar com um exemplo bem simples para entender melhor a ideia de um bloco tonal. Escute e compare estas duas frases:

I bought some **shoes... and socks** to go with them.
Comprei um sapato... e uma meia para combinar com ele.
I took off my **shoes and socks**.
Tirei a minha meia e o meu sapato.

A primeira frase pode ser dividida em dois blocos, com uma pausa entre 'shoes' e 'and socks', porque são coisas *separadas* que comprei em lojas diferentes. A segunda, por outro lado, é um bloco só, sem a pausa entre 'shoes' e 'and socks', porque são consideradas coisas juntas que tirei ao mesmo tempo. Além das pausas de separação, cada um dos blocos é geralmente marcado por uma extensão da última sílaba e uma entonação *caindo* no final.

Não existe uma regra para saber onde os blocos devem ser divididos, mas geralmente cada bloco *faz sentido*, e não deixa nenhuma parte da construção pendente. No exemplo a seguir, escute como as partes de uma descrição são divididas em blocos compactos, separadas por pequenas pausas:

We stayed in a 5-star hotel	with a huge pool	and a lovely view of the sea.
Ficamos num hotel 5 estrelas	*com uma piscina enorme*	*e uma bela vista do mar.*

Se trocarmos a separação dos blocos, dá para ouvir como fica difícil entender a descrição:

We stayed in a 5-star... hotel with a huge... pool and lovely view of... the sea.

É claro que não há qualquer garantia de que as pessoas sempre dividirão os blocos exatamente da mesma maneira, pois todo mundo se repete, começa de novo e fica distraído no meio de um bloco, mas, em geral, há uma grande tendência a dividir os blocos de acordo com alguma estrutura gramatical para o ouvinte processar uma frase ou pelo menos parte de uma frase. Mais especificamente, existem duas tendências:

1. Colocar *a pessoa ou coisa (mais o verbo)* em um bloco:

My mum said... that we have to go.

A minha mãe disse... que temos que ir embora.

There was this guy... lying in the middle of the road.

Havia esse cara... deitado no meio da rua.

Quando a frase do sujeito é muito longa, pode ser dividida em mais de um bloco:

The Government's policy... announced last month... is attracting widespread criticism.

A política do governo... anunciada no mês passado... está atraindo críticas difundidas.

> **As you can see... there are still hundreds of fans...
> hoping to see the band.**
>
> *Como você consegue ver... ainda há centenas de fãs...
> esperando para ver a banda.*

2. Colocar *o que está sobrando depois do primeiro bloco* para completar a sentença (que seria marcada com um ponto final na forma escrita):

> **You should take your credit card... in case we feel like buying something.**
>
> *Você deveria levar o seu cartão de crédito... caso a gente queira comprar algo.*

Se for uma frase mais longa, é possível dividi-la em três (ou mais) blocos tonais, principalmente para especificar ainda mais as informações do primeiro bloco:

> **All these books in fact... were written in the 19th century... by authors who were in prison.**
>
> *Todos estes livros na verdade... foram escritos no século XIX... por autores que estavam na cadeia.*

Para você, o mais importante é prestar atenção em como as conversas vêm em blocos separados por pausas e linguagem adicional que refletem a separação das ideias do falante. Procure sempre seguir as informações fonéticas e perceber como as pessoas salientam partes da conversa por meio de blocos tonais.

Para terminar, vamos ver um exemplo de um texto mais longo, dividido de acordo com blocos tonais prováveis. É a história de um menino que foi acampar na França, e houve três problemas durante a viagem:

I remember when I was a boy...going to France on a camping trip... I must've been about...um...9 or 10 I suppose...anyway, we put up our tents on the first night... and when we woke up... we were sleeping in about 10 centimetres of water...the field had flooded during the night...unbelievable! Then the second day...er...two kids got lost...and had to be rescued by the fire brigade...wandering around the forest...about...3 km from where we split up...Then...just as the holiday was getting better...everyone got terrible food poisoning...and um...ended up staying in the tents...or in the toilet... for the rest of the trip.

Lembro quando eu era menino...fomos para a França para acampar... estava com uns...8 ou 9 anos, eu acho...então, montamos as nossas barracas na primeira noite...e quando acordamos...estávamos dormindo em uns 10 centímetros d'água...o campo tinha inundado durante a noite...inacreditável! Daí, no segundo dia...duas crianças se perderam...e tiveram que ser resgatadas pelos bombeiros...andando sem rumo na floresta...mais ou menos...3 km do local em que nos separamos...daí...bem quando a viagem estava começando a melhorar...todo mundo teve intoxicação alimentar...e acabou ficando nas barracas...ou no banheiro...pelo resto da viagem.

Exercício 1

BLOCOS TONAIS

Divida as frases a seguir nos blocos tonais mais prováveis. O número de blocos sugerido está entre parênteses.

1. The thing is I left the file at the office so I'll pick it up tomorrow before the meeting. **(4)**
2. Friday will be mostly cloudy with a few scattered showers in the north and sunny spells in the south and east. **(3)**
3. She came into the room looking tired and worried and said she didn't feel like going to a big party full of overdressed people. **(4)**
4. The new public library which is on your left was completed last year mostly with lottery money. **(4)**
5. Excuse me would it be possible to have another blanket, please? **(2)**

 Escute as frases para confirmar as suas previsões.

EXPRESSÕES FIXAS

Outro motivo importante para separar a linguagem em blocos decorre da grande proporção de *expressões pré-formuladas* de alguma forma em nossas conversas. Temos uma tendência de contar com **frases fixas** (por exemplo, '*Ele não tá nem aí*') ou **semifixas**, em que há um número limitado de opções comuns (por exemplo, '*Tenha uma boa...*').

A implicação disso para a compreensão é enorme; muitas vezes, nossa compreensão não precisa ser total, e já sabemos como uma frase vai terminar, mesmo se não conseguirmos entender tudo perfeitamente. Imagine, por exemplo, que você ouça '*não _____ a pena*' ou '*estou de saco _____*'; já vai conseguir completar as frases sem necessariamente captar tudo. A dificuldade, é claro, é que em uma língua estrangeira não temos essa habilidade automática. Então, é preciso investir um tempo significativo para estudar e praticar este tipo de frase fixa ou semifixa. A seguir, minha seleção das frases pequenas usadas com mais frequência em conversas típicas, as que oferecem mais dificuldade de compreensão para muitos alunos.

AS FRASES SOCIAIS MAIS USADAS

Em muitos casos, as conversas do dia a dia contêm mais ou menos as mesmas frases (e as mesmas construções), principalmente nos marcadores sociais que empregamos para interagir com outras pessoas. Vamos ver alguns exemplos comuns, divididos em quatro categorias, todos com a pronúncia aproximada e gravação de áudio para escutar e repetir:

Cumprimentos

Hi	/rai/	Oi
Hey	/rei/	Oi
What's up?	/uosắp/	*E aí, beleza? ou O que foi/ Qual é o problema?*
Alright?	/aurai(t)/	(GB) *Tudo bem?*
(Good) morning	/mornin(g)/	*Bom dia*

(Good) evening	/iivnin(g)/	*Boa noite (chegando)*
(Good) night	/nai(t)/	*Boa noite (saindo/indo dormir)*
How are you?	/rauãiu/	*Tudo bem?*
How's it going?	/rauzitgouin(g)/	*Como vai?*
How are you doing?	/rauiãduin/	*Como vai?*
What are you doing?	/uotchãduin/	*O que está fazendo?*
What are you up to?	/uotchã aptu/	*O que está fazendo/aprontando?*
What's going on?	/uósgouinon/	*O que está acontecendo?*

Perguntas Sociais

How have you been?	/rauviãbin/	*Como você tem passado?*
What have you been doing?	/uótchãbinduin/	*O que você anda fazendo?*
What have you been up to?	/uótãiãbinaptu/	*O que anda fazendo/aprontando?*
How's (Marcelo/your mum)?	/rauz/	*Como vai (Marcelo/sua mãe)?*
How are (the kids/your parents)	/rauã/	*Como vão (as crianças/seus pais)?*
How's the (job) going?	/rauzthã…gouin(g)/	*Como está indo (o trabalho)?*
How was the (party/trip etc)?	/rauãzthã/	*Como foi (a festa/viagem etc.)?*
How was your (weekend)?	/rauãzior/	*Como foi seu (fim de semana)?*
Did you have a good (trip/time)?	/djavãgud/	*Você fez um uma boa viagem? Você se divertiu?*
(What) Would you like...?	/(uó)wudjãlai(k)/	*(O que) você gostaria...?*
(What) Can I get you...?	/(uó)kãnaiguétchiã/	*(O que) posso pegar para você?*
(What) Do you feel like (doing)?	/diãfiãlaik/	*(O que) você está a fim de fazer?*
Can you tell me...?	/kãniãtelmi/	*Você pode me dizer/informar...?*
Do you know...?	/diãnou/	*Você sabe...?*

Interagindo

Thank you (very much)	/(than)kiu vérimatch/	(Muito) obrigado
Thanks (a lot)	/thanksãló(t)/	(Muito) obrigado
(You're) welcome	/(iã) uélkãm/	De nada
Not at all	/notãtal/	De nada
Sure (no problem)	/chuã nou próblãm/	Claro (sem problema)
Excuse me	/(ek)skiuzmi/	Com licença, Por favor (antes de um pedido)
Just a second	/djastãsekãnd/	Só um instantinho
(That) sounds great	/(tha) saunzgrei(t)/	Ótimo, gostei do plano
(I'd) love to	/(aid) lavtu/	Adoraria
(That's a) good idea	/(thatsã) gud aidiã/	(Isso é) uma boa ideia
(I'm) afraid...	/(aim) ãfreid/	Me desculpe, mas...
(Sorry) I can't	/(sori) ai kánt/	(Desculpe) não posso

Despedindo-se

See you later*	/siãleitã/GB ou /siãleidã/US	Até mais
Take care	/teikér/	Se cuida
Have a good (day, weekend, trip etc.)	/(ra)vã gu(d)/	Tenha (um bom dia, um bom fim de semana, uma boa viagem etc)
Hope you (have a good time.../get better)	/roupiã/	Tomara que você (tenha um bom.../ melhore/consiga...)

---

* Às vezes, a frase é reduzida para a palavra 'later' (/leitã/ [GB] ou /leidã(r)/ [US]), muitas vezes junto com 'man' ou 'dude' (os equivalentes de 'cara' em português).

Exercício 2

INTERAÇÃO SOCIAL (1)

Leia o diálogo a seguir e escolha a opção mais apropriada das partes sublinhadas (de acordo com o contexto):

A. Hey Mike, <u>how you doing?</u> / <u>what are you doing?</u>

B. Not too bad thanks. <u>How've you been?</u> / <u>How was your trip to Spain?</u>

A. We had a great time. Shame we had to come home really. What about you, <u>what've you been up to?</u> / <u>how's the new job going?</u>

B. Pretty well actually, I'm really enjoying working with computers again. Hey listen, <u>would you like to go out for a drink</u> / <u>do you feel like coming over for dinner next week?</u>

A. <u>I'd love to</u> / <u>That sounds terrible</u>. <u>Would it be alright if I</u> / <u>I'm afraid I have to</u> bring my new girlfriend?

B. <u>Yes, of course!</u> / <u>No, not at all</u>. I'll make lots of food. <u>How about</u> / <u>Why not</u> Wednesday?

A. Ok, fine, <u>hope to see</u> / <u>look forward to seeing</u> you on Wednesday then. <u>Have a good weekend</u> / <u>Have a good trip</u>, bye!

Escute o diálogo para conferir as suas respostas, e leia o diálogo na página 202.

Exercício 3

INTERAÇÃO SOCIAL (2)

Combine as frases a seguir com os balões nos desenhos. Cada desenho tem um par de frases.

A. I'm off, see you later. + Have a good trip, you lucky bastard.

B. Hey man, what's up? + Yo, dude, how you doin?

C. Can I get you another? + Why not? I feel like celebrating.

D. What've you been up to? + Nothing much, you know, spending money.

E. I'm afraid I can't go out. + Never mind, hope you get better soon dear!

COMO FALAMOS EM BLOCOS DE LINGUAGEM

RESPOSTAS SOCIAIS

Escute as frases no material de áudio e escreva uma resposta apropriada para cada frase.

1. ....

2. ....

3. ....

4. ....

5. ....

6. ....

7. ....

8. ....

Confira as perguntas e respostas prováveis na página 203. Depois escute as perguntas novamente e repita as respostas depois da gravação.

MAIS EXPRESSÕES CURTAS EM CONVERSAS TÍPICAS

Escute todos os exemplos até o final do capítulo no material de áudio.

♦ **How come?** (Informal - *Por quê?, Como é que...?*). Usado *sem a forma interrogativa*, muitas vezes para expressar surpresa:

> How come you were invited and I wasn't?
>
> *Por que você foi convidado e eu não?*
>
> How come he lives in Brasilia if he loves surfing?
>
> *Como ele mora em Brasília se adora surfar?*

♦ **Here you are/go** ou **There you are/go** (*Aqui está*). Frases usadas com frequência quando alguém está dando algo para outra pessoa:

> Here you go, apple pie and ice-cream.
>
> *Aqui estão, torta de maçã e sorvete.*
>
> There you are, a map of the city.
>
> *Aqui está, um mapa da cidade.*

Também usado quando você consegue encontrar alguém ou algo que esteja procurando:

> There you are! I've been looking for you.
>
> *Aí está! Estava te procurando.*
>
> Where are my keys? Here they are, under the sofa cushion!
>
> Cadê as minhas chaves? Aqui, embaixo da almofada do sofá!

Finalmente, '**There you are/go (then)**' pode ter o sentido de '*Viu?*', '*Eu não falei?*':

> A: I called like you suggested, and it turns out he lost my number...
> B: There you go then.
>
> *A: Liguei como você sugeriu, e acontece que ele perdeu o meu telefone...*
> *B: Então, viu?*

♦ **(For) ages** (*Há ou durante muito tempo*). Equivalente informal de 'for a long time', expressão comum em conversas do dia a dia:

> I've worked here for ages, but I've wanted to leave for ages too!
>
> *Trabalho aqui há muito tempo, mas também faz muito tempo que quero sair!*

- **(For) quite a while** (*Há ou durante bastante tempo*). Uma expressão entre 'for ages' e 'not long' (*pouco tempo*):

> She lived in London <u>for quite a while</u>.
>
> *Ela morou em Londres durante bastante tempo.*

- **By the way (btw)**. Quase o mesmo sentido que *a propósito* ou *aliás*, para introduzir um assunto novo ou dar mais informações:

> I had a great time... oh, <u>by the way</u>, did you speak to Diana?
>
> *Eu me diverti muito... oh, a propósito, falou com a Diana?*
>
> Have a good lunch? <u>By the way</u>, the boss wants to speak to you.
>
> *Almoçou bem? A propósito, o chefe quer falar com você.*

- **Speaking of something/verbo + ing** (*Falando em algo/fazer*):

> <u>Speaking of</u> relatives, my uncle is coming to stay.
>
> *Falando em parentes, meu tio vem visitar.*
>
> <u>Speaking of</u> study<u>ing</u>, how's your English course going?
>
> *Falando em estudar, como vai o seu curso de inglês?*

- **Speaking of which** (*Por falar nisso*):

> My car broke down again. <u>Speaking of which</u>, did you get yours fixed?
>
> *Meu carro quebrou de novo. Por falar nisso, você consertou o seu?*

- **When it comes to**. A tradução aproximada é *em termos de* ou *quando você fala em...*:

> <u>When it comes to</u> grammar, Japanese students are among the best, but <u>when it comes</u> to speaking, that's another matter.
>
> *Em termos de gramática, os alunos japoneses estão entre os melhores, mas quando você fala em conversação, aí já é outra história.*

A frase '**as for**' é também usada para mudar de um assunto para outro, o equivalente de '*quanto a*':

> As for sponsorship, we'll worry about that later.
>
> *Quanto ao patrocínio, vamos nos preocupar mais tarde.*

- **Talk about.** Não há uma tradução exata em português, mas o significado é '*Isso é um bom exemplo de...*' ou '*Que...*'. Por exemplo, um amigo que comeu todo o bolo:

> Wow! Talk about greedy!
>
> *Uau! Que guloso!*

Ou uma amiga que só come alface:

> Talk about a radical diet!
>
> *Que dieta radical!*

- **Come on.** Com dois sentidos diferentes:

  - '*Anda logo*' ou '*Vamos*':

> Come on Vanessa, we're late!
>
> *Vamos, Vanessa, estamos atrasados!*

  - '*Não acredito*' ou '*Fala sério*':

> You think this is going to work? Oh, come on... you've got to be kidding!
>
> *Você acha que isso vai dar certo? Fala sério... deve estar brincando!*

- **(It's) just as well** (*Ainda bem*):

> It's just as well we didn't go out. It's raining.
>
> *Ainda bem que não saímos. Está chovendo.*

♦ **Better still** (*Melhor ainda*). Para dar uma sugestão melhor ou acrescentar um conselho:

> You should watch films in English. Better still, watch with English subtitles.
>
> *Deveria assistir a filmes em inglês. Melhor ainda, assistir com legendas em inglês.*

Também a frase '**even better**' é usada para dizer que uma coisa ou pessoa é *ainda melhor* do que outra:

A: Can you lend me R$10?	**B:** I've only got a R$50 note.	**A:** Even better!
A: Pode me emprestar R$10?	*B: Só tenho uma nota de R$50.*	*A: Melhor ainda!*

♦ **(Not)... at all.** Usada de três maneiras principais:

- '*Nada*', '*nem um pouco*':

> She doesn't like me at all.
>
> *Ela não gosta de mim nem um pouco.*
>
> He doesn't understand women at all.
>
> *Ele não entende nada de mulheres.*

- '*De jeito nenhum*' como uma resposta:

A: Do you feel like going to a club?	**B:** No, not at all.
A: Está a fim de ir a uma boate?	*B: Não, de jeito nenhum.*

♦ '*Muito pelo contrário*':

A: So, English grammar is easy?	**B:** Not at all, but it's easier than Portuguese!
A: Então, a gramática inglesa é fácil?	*B: Muito pelo contrário, mas é mais fácil que a gramática portuguesa!*

- **Fair enough.** Difícil de ser traduzida, mas basicamente significa '*tá certo*' ou '*é justo*', muitas vezes usada para evitar conflito na conversa:

| **A:** Turn down the music, or we'll call the cops. | **B:** Ok, fair enough! |
| *A: Diminuam o volume da música, ou vamos chamar a polícia.* | *B: Ok, tá certo!* |

- **After all.** Dois sentidos:

  - '*Apesar de problemas ou dúvidas*', geralmente no final da frase:

> The rain has stopped, so we can play tennis after all.
>
> *A chuva parou, então podemos jogar tênis como queríamos.*

  - '*O fato é que*', '*claro, considerando que*':

> It's incredible that she manages to live alone... after all, she's 92.
>
> *É incrível que ela consiga morar sozinha... considerando que ela tem 92 anos.*

- **All in all** (*Levando tudo em consideração*):

> The weather was terrible, but all in all we had a good trip.
>
> *O tempo estava péssimo, mas, levando tudo em consideração, foi uma boa viagem.*

- **In other words** (*Ou seja, quer dizer*):

Ao pé da letra significa '*em outras palavras*', e muitas vezes a pronúncia fica reduzida para /**nathã uerdz**/:

> So we don't know the address or the phone number. In other words, we're fucked!
>
> *Então, a gente não tem o endereço, nem o telefone. Quer dizer, a gente tá fodido!*

- **Let alone** (*Muito menos*):

> I don't know how to change a plug, let alone fix a stereo!
>
> *Não sei trocar um plugue, muito menos consertar um som!*

♦ **Needless to say** (*Nem precisa falar, é óbvio/claro*):

> I left the money on the table. Needless to say, it disappeared.
>
> *Deixei o dinheiro em cima da mesa. Óbvio que sumiu.*

♦ **So what?** (*E daí?*):

> **A:** Have you heard Angélica is pregnant? **B:** So what?
>
> *A: Já tá sabendo que a Angélica está grávida? B: E daí?*

♦ **(I) Hope so/not** (*Tomara que sim/não*):

> **A:** Are they coming? **B:** Hope so.
>
> *A: Eles vêm?* *B: Tomara que sim.*
>
> **A:** Are they bringing the kids? **B:** Hope not!
>
> *A: Vão trazer as crianças?* *B: Tomara que não!*

♦ **(I) Guess so/not** (*Parece ou acho que sim/não*):

> **A:** Is it sunny? **B:** Guess so.
>
> *A: Tem sol?* *B: Parece que sim.*
>
> **A:** So I won't need my jacket? **B:** Guess not.
>
> *A: Então não vou precisar do meu casaco?* *B: Acho que não.*

♦ **(I) Think so/(I) Don't think so** (*Acho que sim/não*). Hoje em dia é mais comum usar esta forma negativa do que a mais formal 'I think not':

> **A:** Is there a gym? **B:** (I) think so.
>
> *A: Tem academia?* *B: Acho que sim.*
>
> **A:** What about a pool? **B:** (I) don't think so.
>
> *A: E tem piscina?* *B: Acho que não.*

♦ **It's (not) worth + ...ing** ([*Não*] *vale a pena fazer*). Como em português, pode ser positivo ou negativo:

> It's worth seeing it again.
>
> *Vale a pena ver de novo.*
>
> It's not worth worrying about it.
>
> *Não vale a pena se preocupar com isso.*

♦ **There's no point (in) doing/It's no use doing.** Mesmo sentido, mas usadas somente no negativo:

> There's no point (in) arguing.
>
> *Não vale a pena discutir.*
>
> It's no use crying over spilt milk.
>
> *Não vale a pena chorar pelo leite derramado.*

Também usadas como perguntas, **What's the point/use (in doing)?**:

> What's the point/use in complaining now?
>
> *De que adianta reclamar agora?*

♦ **I'll be right back/I'll be right there** (*Eu já volto/já vou aí*). Causam confusão porque 'right' tem muitos significados. Nesse caso, a expressão é usada para dizer que algo vai acontecer *em breve*, que não vai demorar, evidente também na expressão '**right away**' (*agora, já, já*), que querem dizer 'immediately' (*imediatamente*):

I'm just popping out. I'll be right back.	*Vou dar uma saidinha, já volto.*
A: Did you check the sales figures for January?	**B:** No, I'll do it right away.
A: Você já confirmou o valor das vendas para janeiro?	*B: Não, faço já, já.*

♦ **To be bound to do** (*Certo ou muito provável*). Muitas vezes meio pessimista, baseado no que você já sabe (*claro que vai ser assim!*):

> If you invite people at 8.00, they're bound to arrive at 9.00.
>
> *Se você convidar as pessoas às 8h, claro que elas vão chegar às 9h.*
>
> Let's leave now. The traffic is bound to be bad in São Paulo.
>
> *Vamos partir agora. É muito provável que haja muito trânsito em São Paulo.*

♦ **To be (un)likely** ([*Não*] *provável, esperado*). Um adjetivo muito comum, que pode ser empregado em duas formas:

- Com o sujeito, mais o verbo no infinitivo:

> You're more likely to remember vocabulary with visual images.
>
> *É mais provável que você lembre de vocabulário com imagens visuais.*

- Com **'it'**, seguido por uma frase normal:

> It's unlikely (that) I'll get rich from this book!
>
> *É pouco provável que eu fique rico com este livro!*

♦ **Bet** (*Apostar*). Como em português, usado para dizer '*ter certeza*':

> I bet you'll get a better job if you can speak English!
>
> *Aposto que você vai conseguir um emprego melhor se falar inglês!*

A frase '**you bet**', por outro lado, é geralmente uma resposta, que significa '*com certeza*', '*sem dúvida*' (no inglês norte-americano):

> **A:** Are you going to the party? | **B:** You bet!
>
> *A: Você vai à festa?* | *B: Com certeza!*

◆ **To be (just) about to do** (*Estar pronto para fazer/quase fazendo*):

> I was just about to leave the house when the phone rang.
>
> *Estava pronto para sair de casa quando o telefone tocou.*
> Hurry up, the film's about to start.
> *Anda logo, o filme está quase começando*

◆ **Don't even think about it** (*Nem pensar*). Como na propaganda antiga da Pepsi, em que Shaquille O'Neal está treinando e, morrendo de sede, fica de olho no refrigerante de um menininho de uns 6 anos, sentado ao lado da quadra. Quando Shaquille chega mais perto, o menino olha para ele com uma cara bem séria e fala: 'Don't even think about it!'

Na mesma área estão as expressões '**no way**' (*de jeito nenhum*) e '**forget it**' (*esquece*), geralmente como uma resposta:

> **A:** Can I borrow your car? | **B:** No way! Forget it!
> *A: Posso pegar o seu carro?* | *B: De jeito nenhum! Esquece!*

◆ **That sounds fine/good/great** etc. (*Isso é uma boa ideia, gostei*), uma reação a um plano ou uma sugestão:

> **A:** Let's go bowling. | **B:** That sounds fun!
> *A: Vamos jogar boliche.* | *B: Seria divertido!*
> **A:** How about next Tuesday? | **B:** Sounds fine.
> *A: Que tal terça que vem?* | *B: Ok, tá bom.*

Também é usada como uma reação para mostrar que você pode imaginar os sentimentos da outra pessoa:

> **A:** I spent the whole day doing the accounts. | **B:** My God, that sounds boring.
> *A: Fiquei o dia todo fazendo as contas.* | *B: Meu Deus, que coisa chata.*

- **(It) beats me** (*Não dá para entender/explicar/aceitar*). Geralmente usada como uma resposta:

A: Why didn't she lock the door?	**B:** Beats me.
A: Por que ela não trancou a porta?	*B: Sei lá, não dá para entender.*

- **Let's put it this way** (*Digamos assim*). Geralmente utilizada para não ofender alguém com uma opinião negativa:

A: Do you like my shirt?	**B:** Well, let's put it this way, it's not exactly my taste.
A: Gostou da minha camisa?	*B: Digamos assim, não é exatamente o meu tipo.*

- **Might as well do** (*Faz mais sentido fazer, melhor fazer assim*):

We're both going to Leblon, so we might as well share a cab.
Nós dois vamos para o Leblon, então é melhor pegarmos um táxi juntos.

Tome cuidado para não confundir com:

- **Might well do** (*É provável que*). Expressão que na verdade é um jeito de aumentar um pouco a probabilidade do verbo modal 'might' (que se usa para expressar uma possibilidade):

I might go to the cinema, but I might well stay home.
Talvez eu vá ao cinema, mas é mais provável que eu fique em casa.

- **Big deal** (*Grande coisa!*). Usado geralmente com ironia, quando você *não* está impressionado:

A: I won the lottery!	**B:** How much?
A: Ganhei na loteria!	*B: Quanto?*
A: R$38.	**B:** Is that all? Big deal!
A: R$38.	*B: Só isso? Grande coisa!*

♦ **A big deal**, portanto, significa algo importante, sério, um '*grande negócio*':

> This inspection is a really <u>big deal</u>. We must pass to get the licence.
>
> *Esta inspeção é bem importante. Temos que passar para conseguir a licença.*

Por outro lado, a expressão (**it's**) **no big deal** é usada para dizer que algo não é muito importante/sério, que não importa:

| **A:** Sorry, I forgot the photos. | **B:** Don't worry, <u>no big deal</u>. |
| *A: Desculpe, esqueci as fotos.* | *B: Não se preocupe, não faz mal.* |

Exercício 5

EXPRESSÕES DO DIA A DIA (1)

Escute as frases e preencha as lacunas para completar as expressões (semi) fixas:

1. By the ……………, we haven't seen Mike for ……………, have we?
   A propósito, faz bastante tempo que não vemos o Mike, né?

2. Let's ………… it this way, there's no ………… in getting our hopes up.
   Vamos dizer assim, não vale a pena ficarmos na esperança.

3. In other …………, when it ……………… to fish, you don't like anything ………
   ………?
   Em outras palavras, quando está falando em peixe, você não gosta de nada mesmo?

4. ……………………… of bad weather, looks like it's just ……………… to rain.
   Falando em tempo ruim, parece que vai chover daqui a pouco.

5. Oh …………… on! She can't even make coffee, let ……………… a meal for 12 (people)!
   Fala sério! Ela nem consegue fazer café, muito menos cozinhar para 12 (pessoas)!

6. She's ……………… to have taken her credit card, so she's ……………………
to have any money left.

Com certeza ela levou o cartão de crédito, então provavelmente não tem mais dinheiro.

Exercício 6

EXPRESSÕES DO DIA A DIA (2)

Escreva as frases do diálogo na ordem correta (começando com frase 3):

1. *Matt*: Good thanks. Haven't seen you for ages! Listen, do you feel like a game of golf some time?

2. *Tony*: So what? I bet your kids don't let you play the thing anyway.

3. *Matt*: Hey Tony, what's up?

4. *Tony*: No way! I'm much too busy at the moment.

5. *Matt*: Not to worry. After all, they're bound to get bored soon and then I'll be able to have a go.

6. *Matt*: Fair enough. Speaking of video games, we just bought the new Playstation.

7. *Matt*: Come on! We haven't been to the club for quite a while.

8. *Tony*: Hi Matt, how's it going?

9. *Tony*: No, I guess not, but I haven't got time to play video games, let alone golf.

Escute o diálogo na ordem correta e confira o diálogo escrito na página 204.

COMO AMPLIAMOS A CONVERSA

Otítulo deste capítulo não se refere ao *volume* da conversa, mas sim a todos os elementos linguísticos e paralinguísticos usados em conversas típicas para ampliar e modificar as informações principais, o 'recheio do bolo', se preferir. Esta linguagem pode cumprir diversas funções na conversação, expressando atitudes ou reações, refletindo aspectos sociais ou culturais ou simplesmente para 'ganhar tempo', ou seja, para formular os pensamentos antes de falar.

Com minha experiência, posso afirmar que essa área representa um grande desafio para muitos alunos, exatamente porque pode exercer uma influência enorme no seu sucesso em compreensão. Recordo-me de uma aluna que depois de muitos anos estudando inglês teve a oportunidade de viajar para os Estados Unidos. Curtiu bastante, mas teve muita dificuldade com a área da compreensão por causa das '*coisinhas extras* que as pessoas colocam entre as frases', disse ela, o que resume de uma forma bem clara o tipo de 'vícios de linguagem' que gostaria de abordar nesse capítulo.

Primeiro, leia e escute um texto curto que contém alguns exemplos; trata-se de um gerente falando com sua equipe sobre as vendas (*sales*) de roupas de banho (*swimwear*). Desta vez, não vou dar a tradução; prefiro que você espere até o final do capítulo para escutar este texto novamente para ver como sua compreensão melhorou!

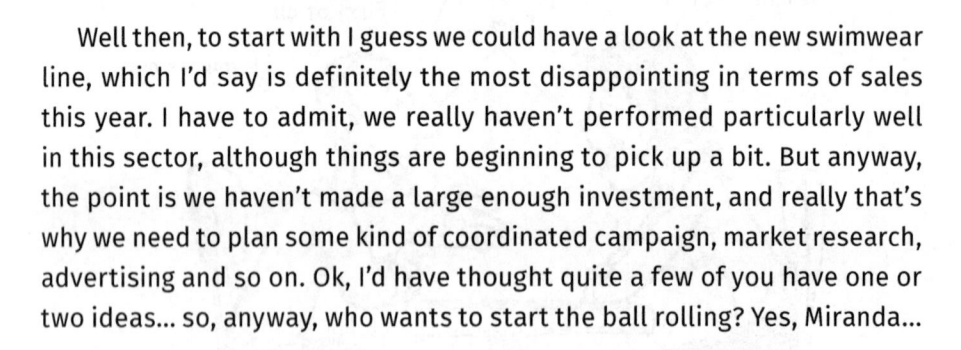

Well then, to start with I guess we could have a look at the new swimwear line, which I'd say is definitely the most disappointing in terms of sales this year. I have to admit, we really haven't performed particularly well in this sector, although things are beginning to pick up a bit. But anyway, the point is we haven't made a large enough investment, and really that's why we need to plan some kind of coordinated campaign, market research, advertising and so on. Ok, I'd have thought quite a few of you have one or two ideas... so, anyway, who wants to start the ball rolling? Yes, Miranda...

Está começando a entender o problema? Uma boa proporção deste texto – e provavelmente as partes que causaram mais dificuldade de compreensão – consiste em pequenas frases ou palavras que indicam a atitude da pessoa, às vezes sem muita influência no significado do texto. Mas não se preocupe, a grande maioria destas maneiras de 'ampliar a conversa' é previsível e, portanto, pode ser resumida nesse capítulo com uma análise das dificuldades de compreensão.

DISCOURSE MARKERS: *MARCADORES DE DISCURSO*

Existe uma área importantíssima na compreensão de conversas típicas: *as palavras e frases que usamos para organizar o que estamos falando, que mostram as conexões lógicas entre os blocos de linguagem* que contenham a mensagem principal. Existem muitos exemplos em português, como 'tá bom então', 'daí', 'sabe?', 'na verdade', 'digamos assim', 'sacou?' etc. Reconhecer e praticar os marcadores de discurso mais frequentes em inglês é fundamental no processo de melhorar a sua compreensão, porque assim pode-se eliminar uma proporção significativa de linguagem repetida, para depois se concentrar mais na compreensão das informações mais específicas da conversa.

A seguir, uma seleção dos marcadores mais comuns, de acordo com suas funções principais em conversas típicas. *Todos os exemplos desse capítulo estão no material de áudio.* Vamos lá!

♦ **OK(AY).** Usada internacionalmente com muitas funções, como introduzir ou encerrar um tópico, mostrar atenção, entendimento, impaciência etc. A única diferença, que influencia bastante a facilidade de compreensão em inglês, é que a pronúncia pode ser cortada para /**kei**/, ou seja, (quase) não dá para ouvir o 'O' antes do 'K':

> **Ok**, you have two hours starting... now.
>
> *Ok, vocês têm duas horas a partir de... agora.*
>
> **Okay**, if you could stop writing now.
>
> *Ok, se vocês puderem parar de escrever agora.*

Também pode ser usada para aceitar um outro ponto de vista, para dizer 'tá bom..., mas...', 'é verdade que..., mas...':

> **Ok, ok**, I know I was late, but now I'm ready for work!
>
> *Tá bom, tá bom, sei que atrasei, mas agora estou pronto para trabalhar!*

SO

- Sinaliza algum tipo de resumo do que foi falado, ou um tipo de conclusão:

> **So**, what do you want me to bring to the party?
>
> *Então, o que você quer que eu traga para a festa?*
>
> **A: So then** what did you do? **B: So**, we went back home of course.
>
> *A: Daí o que você fez?*   *B: Então, voltamos para casa, é claro.*

- Fala de uma consequência, o sentido de '*então*' ou '*daí*':

> I was hungry, **so** I had a sandwich.
>
> *Estava com fome, então comi um sanduíche.*

- O sentido de '*tão*' com adjetivos e advérbios, como:

> He's **so** hard to understand because he speaks **so** quickly.
>
> *É tão difícil entendê-lo porque ele fala tão rápido.*

WELL

Tem as mesmas funções de 'so', mas também é usada quando o falante está considerando a sua resposta ou pensando no melhor jeito de se expressar, geralmente com uma pausa depois, como a palavra '*bem*' é usada às vezes em português. A diferença é que, em inglês, a palavra geralmente é falada em um tom mais alto do que em português:

A: How did the interview go?	**B: Well...** I did my best.
A: Como foi a entrevista?	*B: Bem... dei o meu melhor.*
A: Well then of course nobody was hungry.	**B: Daí**, *é claro, ninguém estava com fome.*

(AL)RIGHT/(AL) RIGHT?

Na forma positiva, pode ser usada para mostrar que se está pronto para passar para a *próxima fase* da conversa ou do negócio:

> **Right**, if you're ready, let's get started.
>
> *Então, se vocês estão prontos, vamos começar.*
>
> **Right**, so one day he decided to talk to his neighbor.
>
> *Então, um dia ele resolveu falar com seu vizinho.*
>
> **Right then**, it's time for us to meet the contestants!
>
> *Então tá, está na hora de a gente conhecer os participantes!*

Na forma interrogativa, é uma expressão geralmente usada para confirmar que a pessoa ouvindo entendeu ou concordou, parecida com as expressões '*tá (bom)?*' ou '*certo?*'. Do mesmo modo, pode sinalizar o final do assunto e serve para saber se a pessoa captou a mensagem, bem como se usa '*ok?*' nos dois idiomas:

> So, you click on File Explorer, **right**? Then you go to Downloads, **ok**?
>
> *Então, você clica em Explorador de arquivos, tá? Depois você vai para Downloads, tá bom?*
>
> **Right**? So, thank you for coming and we'll be in touch soon.
>
> *Tá bom? Então, obrigado por ter vindo e entraremos em contato brevemente.*

Assim, pode servir para a outra pessoa mostrar que entendeu bem, muitas vezes em combinação com outras palavras como 'ok', 'I see', '(I) got it'.

A: First we add 10% to the price, **right**?	**B: Right, ok.**
A: Primeiro adicionamos 10% ao preço, tá bom?	*B: Tá ok.*
A: Then we mark the product 10% off!	**B: Right, I see.**
A: Depois marcamos o produto com 10% de desconto!	*B: Tá bom, entendi.*

No inglês britânico/australiano informal, a pergunta '**alright?**', é uma forma comum de se cumprimentar, o equivalente ao português '*tudo* *certo?*'. Como não se está perguntando literalmente se a pessoa está bem, a resposta é a mesma palavra:

> **A: Alright** Pete, how's it going?
>
> *A: Tudo certo, Pete, como vai?*
>
> **B: Alright** mate, how you doing?
>
> *B: Tudo certo, cara, tudo bem contigo?*

NOW

Ao lado da tradução '*agora*', esta palavra também pode ser empregada com a função de sinalizar o começo da próxima etapa da conversa, muitas vezes com instruções:

> Click on 'address'. **Now**, type the address in the box. **Now**, click on 'confirm'.
>
> *Clique no 'endereço'. Agora, digite o endereço na caixa. Agora, clique em 'confirmar'.*

Esta palavra pode também marcar o final de uma série ou processo:

> Right, have you mixed all the ingredients? **Now** it's ready to eat.
>
> *Então, você já misturou todos os ingredientes? Agora está pronto para comer.*

THEN

Além do sentido de '*daí*' em uma sequência de eventos, também tem o sentido de '*então*', ou seja, uma conexão *causal* além de *temporal*. Como já vimos nos exemplos anteriores, muitas vezes essa palavra vem depois de 'ok', 'right', 'so' e 'well', quase sempre para sinalizar o encerramento (de uma parte) do tópico, ou algum tipo de resumo do que acabou de ser dito:

> If you don't have any capital, **then** how can you set up a company?
>
> *Se você não tem capital, então como pode montar uma empresa?*
>
> **Alright then**, who's going first? or So, who's going first **then**?
>
> *Tá bom então, quem vai primeiro? ou Quem vai primeiro, então?*

Muitas vezes, essa palavra é empregada para confirmar um compromisso e vem no final da frase como um tipo de conclusão:

> I'll see you at 8 o'clock **then**.
>
> *A gente se vê às 8 horas, então.*
>
> **So** you'll deposit $400 today **then**?
>
> *Vai depositar $400 hoje, então?*

ANYWAY

Primeiro, é comum no final da frase e, nesta posição, tem o sentido de *'mesmo assim'*, geralmente com 'but' na mesma frase:

> My ex-girlfriend wasn't invited to the wedding, **but** she went **anyway.**
>
> *Minha ex-namorada não foi convidada para o casamento, mas foi mesmo assim.*

Segundo, é usada como marcador para sinalizar que você *quer chegar à conclusão* da conversa, o equivalente a *'tá bom então'* ou *'então tá'* perto do final de uma conversa:

> **So anyway,** I'll see you at the restaurant then... take care, bye.
>
> *Então tá, a gente se vê no restaurante, então... se cuida, tchau.*

A palavra também pode ser empregada como o equivalente a *'de qualquer jeito/maneira'*:

> I'm going downtown **anyway**, so I can buy it for you.
>
> *Vou ao centro de qualquer jeito, então posso comprar para você.*

Finalmente, pode servir para *voltar a um tópico* que tenha sido interrompido ou do qual o locutor tenha divergido. Nesse caso, seria usado em português *'então'* (com ênfase nas duas sílabas: 'en-tão'):

> **Anyway**, where was I? Ah, yes, the recent government report…
>
> *Então, onde eu estava? Ah, sim, o relatório recente do governo...*

I MEAN

Ao pé da letra, 'quero dizer', mas, como marcador de discurso, o sentido fica mais bem próximo de 'quer dizer', quando a pessoa precisa esclarecer ou justificar o que acabou de dizer:

> The food is crap, **I mean**, it could be better.
>
> *A comida é uma porcaria, quer dizer, poderia ser melhor.*
>
> So what now? **I mean**, will the airline pay for the hotel?
>
> *E agora? Quer dizer, a companhia aérea vai pagar pelo hotel?*

Além disso, às vezes a frase serve como introdução para algo mais negativo, uma crítica, uma reclamação, uma frustração etc.:

> **I mean** why the hell should I pay her phone bill?
>
> *E por que preciso pagar a conta de telefone dela, meu Deus?*

YOU KNOW (WHAT I MEAN)?

Assim como a palavra 'sabe(?)' aparece com frequência nas conversas cotidianas em português, tanto em frases positivas quanto interrogativas, a tradução '**you know**(?)' é muito comum em inglês. Aliás, nas conversas de adolescentes pode aparecer de três em três palavras! Nos dois idiomas, são usadas principalmente para confirmar que a outra pessoa entendeu, e também para suavizar e personalizar o estilo da conversa.

A diferença é que em inglês a pergunta às vezes amplia-se para '(**you**) **know what I mean**?' (ao pé da letra: 'sabe o que quero dizer?'), mas, na verdade, o significado é mais perto das expressões 'sacou?' e 'tá ligado?'. Uma alternativa comum com a mesma função é '(**you**) **know what I'm saying**?' ('Sabe o que estou dizendo?'). Escute este exemplo meio exagerado:

> So I was like, **you know**, trying to study, and he was, you know, like making me feel guilty, **you know what I mean?**
>
> *Então, eu 'tava tentando estudar, tá ligado? E ele 'tava, sabe, como se estivesse me fazendo sentir culpado, sacou?*

A expressão é também bastante comum quando a pessoa quer introduzir um assunto, muitas vezes dando informações que pensa que a outra pessoa provavelmente já sabe. Neste caso, a tradução mais apropriada é '*sabia?*':

> She used to work here, **you know?**
>
> *Ela trabalhava aqui, sabia?*
>
> **You know**, we haven't seen him for three years.
>
> *Sabia, há três anos que a gente não o vê.*

Quando há uma entonação mais interrogativa, serve mais como uma abreviação da pergunta 'do you know?':

> **You know** that club we used to go to in Camden? It closed down.
>
> *Sabe aquela boate aonde a gente ia em Camden? Fechou.*

Da mesma maneira, e outra vez como em português ('*sei*'), é comum o ouvinte usar a frase durante a conversa para mostrar que está prestando atenção e que entendeu o que foi falado:

> **A:** The men I like are always married... or gay.
>
> *A: Os homens que gosto são sempre casados... ou gays.*
>
> **B: I know what you mean**, me too.
>
> *B: Sei, sei, eu também.*

I SEE (WHAT YOU MEAN)

A tradução ao pé da letra seria '*vejo (o que você quer dizer)*', mas o sentido é mais perto de '*entendi*', mostrando que a pessoa está seguindo o sentido da conversa:

> **A:** You need to go to São Paulo for the visa.
>
> *A: Você precisa ir para SP para o visto.*
>
> **B: I see.** How ridiculous!
>
> *B: Entendi. Que ridículo!*

> **A:** See, without the right code, the engine switches off.
>
> *A: Viu, sem o código certo, o motor desliga.*
>
> ---
>
> **B:** Yes, **see what you mean.**
>
> *B: Sim, entendi.*

 ## YOU SEE

O equivalente de '*veja bem*' ou '*bem, assim*' quando você vai dizer algo que a outra pessoa provavelmente não sabe:

> **You see**, the problem with selling in Brazil is the excessive import duty.
>
> *Veja bem, o problema de vender no Brasil é a taxa de importação excessiva.*
>
> ---
>
> **A:** Why didn't you call?
>
> *A: Por que não ligou?*
>
> ---
>
> **B:** Well, **you see**, I forgot my phone, and...
>
> *B: Bem, assim, esqueci meu telefone, e...*

Não esqueça que esta frase, geralmente sem 'you', é usada como o equivalente de '*viu?*', no sentido de '*o que eu falei?*' ou '*o que você esperava?*':

> **A:** I've got a cold.
>
> *A: Estou resfriado.*
>
> ---
>
> **B: See?** Told you not to go singing in the rain!
>
> *B: Viu? Te falei de não ir cantar na chuva!*

Finalmente, as expressões '**let's see**' /létsii/ ou '**let me see**' /lémi sii/ são equivalentes a '*vamos ver*' e '*deixa eu ver*', usadas para refletir antes de falar, muitas vezes para dar mais tempo para decidir ou calcular:

> **A:** How much does it come to?
>
> *A: Afinal, dá quanto?*
>
> ---
>
> **B: Let me see now...** that's $35 a head.
>
> *B: Deixe-me ver então... dá $35 por pessoa.*

LISTEN/LOOK

Equivale a 'escute/olhe'. Tal como em português, podem servir para chamar a atenção da outra pessoa, muitas vezes quando você vai explicar ou confirmar uma informação, ou, com mais ênfase, para expressar um pouco de impaciência.

> **Listen/Look**, if you don't give me a refund right now, I'm going to call the police.
>
> *Escute/Olhe, se você não me der o dinheiro de volta agora, vou chamar a polícia.*

Exercício 1

MARCADORES DE DISCURSO (1)

Escute as frases a seguir, sublinhe os marcadores de discurso e depois confira a definição de cada um:

1. **Right then, let's get the meeting started. Well, the first thing we should talk about...**
   Então tá bom, vamos começar a reunião. Bem, a primeira coisa que devemos falar...

2. **He's not exactly the best actor in the world, you know what I mean?**
   Ele não é exatamente o melhor ator do mundo, sabe?

3. **Now, even though it was her house, I had a key you see?**
   Daí, mesmo que tenha sido a casa dela, eu tinha a chave, entendeu?

4. **So, I'll see you tomorrow then. And don't be late, ok?**
   Então, a gente se vê amanhã [então]. E não se atrase, tá?

5. **But anyway, there were only like ten people at the party, you know?**
   Mas de qualquer jeito, só havia umas dez pessoas na festa, sabe?

Para outros marcadores de discurso comuns, a melhor ideia é classificar por função e ver as palavras e frases usadas em situações parecidas:

COMEÇANDO E TERMINANDO

♦ **First of all.** Adorei a história da minha colega. Em sua sala de aula, havia um aluno que, depois de algumas semanas de curso, levantou a mão e perguntou: 'Mas, professora, por que você sempre começa a aula com *festival*?'. 'Festival?', perguntou a professora, confusa. 'Sim, você fala *festival*, let's look at the homework'... Caiu a ficha, '*First of all*! Primeiro de tudo!'. A moral da história é que você precisa tomar bastante cuidado com as conexões feitas entre as palavras em frases comuns e com as mudanças de pronúncia consequentes:

> **First of all**, I'd like to introduce the new coach.
>
> *Antes de mais nada, gostaria de apresentar o novo técnico.*

♦ **To start with** (*Para começar*). A pronúncia de 'to' é uma forma de baixa intensidade, então se junta com 'start' = /**tãstart uith**/:

> Why didn't I like the service? Well, **to start with**, we waited ten minutes for the menus.
>
> *Por que não gostei do atendimento? Bem, para começar, esperamos dez minutos pelos cardápios.*

♦ **Finally** (*Finalmente*), com a pronúncia reduzida para /**fainãli**/:

> And **finally**, your homework is to read 'Hamlet' by tomorrow.
>
> *E, finalmente, a tarefa de casa é ler 'Hamlet' até amanhã.*

♦ **To finish off [with]** (*Para terminar*), com o som no começo da frase como /**tãfinichóf**/:

> Let's keep working **to finish off** before lunch.
>
> *Vamos continuar trabalhando para terminar antes do almoço.*

- ◆ **To sum up** (*Para resumir/resumindo*). Outra opção seria o verbo '**to summarize**':

> So, **to sum up**, I think overall the training has been a great success.
>
> *Então, para resumir, acho que em geral o treinamento foi um grande sucesso.*

ACRESCENTANDO

- ◆ **Actually.** Um grande falso cognato, pois é parecido com a palavra '*atualmente*', mas tem o sentido de '*na verdade*' ou '*aliás*', usado para contrariar ou acrescentar informações:

> Are you a teacher? **Actually** I'm the director. **Actually**, I'll soon be the owner.
>
> *Você é professora? Na verdade, sou diretora. Aliás, vou ser a dona em breve.*

- ◆ **In fact/As a matter of fact.** Sinônimo de '*actually*', mas a segunda frase é mais formal e também pode significar '*a propósito*':

> **In fact** they are our largest client. **As a matter of fact**, we signed a new contract yesterday.
>
> *Na verdade é o nosso maior cliente. A propósito, assinamos um contrato novo ontem.*

- ◆ **Indeed** (*Realmente/Na verdade*). Palavra bastante formal, geralmente usada para enfatizar ou acrescentar:

> It was an incredible experience. **Indeed**, it was something I shall never forget.
>
> *Foi uma experiência inacreditável. Realmente, foi algo que nunca vou esquecer.*

- ◆ **The fact is/the truth is** (*O fato é que/A verdade é que*). Geralmente, quando vai introduzir alguma informação negativa ou admitir algo:

> **The fact is** the meat is bad. **The truth is**, I forgot to put it in the fridge.
>
> *O fato é que a carne estragou. A verdade é que esqueci de colocar na geladeira.*

DANDO A SUA OPINIÃO

Além das expressões mais óbvias, como '**I think** (that)...' (*Eu acho que...*), '**In my opinion**' (*Na minha opinião*) e '**From my point of view**' (*Do meu ponto de vista*), existem várias outras formas de introduzir um elemento mais subjetivo, especialmente em conversas informais:

- ◆ **If you ask me.** Ao pé da letra, '*se você me perguntar*', mas, na verdade, é uma alternativa informal para 'in my opinion', cuja pronúncia pode parecer uma palavra só – **/ifiááskmi/** US ou **/ifiarskmi/** GB:

  > **If you ask me**, Argentinian beef is the best in the world.
  >
  > *Na minha opinião, a carne de vaca argentina é a melhor do mundo.*

- ◆ **Reckon/Guess/Suppose.** A primeira palavra é muito comum como alternativa para 'I think'; também é usada na forma interrogativa, para pedir a opinião da outra pessoa:

  > **I reckon** it's quicker on foot. **What do you reckon**?
  >
  > *Eu acho que é mais rápido a pé. O que você acha?*

Os verbos 'guess' e 'suppose' também têm a tradução de '*achar*', mas são usados para dar uma opinião menos firme, o que você acha que é lógico na situação, o que *parece* certo:

  > **I guess** the only problem will be where to sleep.
  >
  > *Parece que o único problema vai ser onde dormir.*
  >
  > But **I suppose** we can sleep in the car if necessary.
  >
  > *Mas acho que todos nós podemos dormir no carro se for necessário.*

- ◆ **I'd say/argue/disagree.** Ao pé da letra significam '*eu diria/argumentaria/discordaria*', mas também são usadas para expressar uma opinião de um jeito mais indireto, como '*se alguém quisesse a minha opinião, eu diria que...*':

  > **I'd say** it's ready, but maybe the boss'd disagree.
  >
  > *Eu diria que está pronto, mas talvez a chefe não concordaria.*

◆ **I'd have thought.** Ao pé da letra significa '*eu teria pensado*' (se alguém tivesse pedido a minha opinião!), mas, na verdade, tem o sentido de '*eu pensaria*' ou '*me pareceria*', mais uma vez um jeito de introduzir sua opinião de forma mais branda:

> **I'd have thought** that somebody would complain.
>
> *Me parecia que alguém ia reclamar.*

◆ **The point is...** (*O importante é...*). A palavra 'point' aparece com frequência em conversas mais relacionadas a argumentos. O sentido em geral é '*uma parte do argumento*' ou '*o que quero dizer*'. Pode-se, no entanto, inverter: '**What's your point?**' (*O que está tentando dizer?*):

> **A:** So, **what's your point** exactly? **B: The point is** that we can't afford to go!
>
> *A: Então, o que quer dizer exatamente? B: O importante é que não temos dinheiro para ir!*

ADVÉRBIOS QUE DEMONSTRAM ATITUDE

Alguns advérbios são usados no começo da frase para indicar a *atitude* do falante. Exemplos comuns em português são '*é claro*', '*basicamente*', '*tomara*' ou '*infelizmente*', que também são bastante frequentes em inglês:

◆ **Of course** (*É claro*). Cuidado com a pronúncia reduzida, que deixa audível somente a segunda palavra, ou às vezes com um 'v' antes = /(**v**)**kórs**/. Outras opções são '**naturally**' (*naturalmente*), '**obviously**' (*obviamente*) e '**certainly**' (*certamente*):

> **Naturally** we want a good health service, but **of course** we don't want to pay more tax.
>
> *Naturalmente queremos um bom sistema de saúde, mas não queremos pagar mais impostos, é claro.*

É bom lembrar que os advérbios que terminam em **-ally** ou **-ully** apresentam uma pronúncia com uma sílaba cortada, com a ênfase na primeira sílaba:

naturally	/nát**chrãli**/	basically	/bei**sikli**/
literally	/lit**chrãli**/	hopefully	/rou**pfãli**/

♦ **Basically** (*Basicamente*), para colocar de uma forma mais simples, resumindo:

> We're still good friends, but **basically** it's all over between us.
>
> *Continuamos bons amigos, mas basicamente acabou tudo entre nós.*

♦ **Honestly/To be (perfectly/quite) honest** (*Para ser [bem] sincero*), geralmente para dar uma opinião negativa, ou ao contrário:

> **To be perfectly honest**, the meat was a little burnt.
>
> *Para ser bem sincero, a carne estava meio queimada.*

A palavra '**Frankly**' ou as expressões '**To be (perfectly/quite) frank**' e '**To tell you the truth**' (*Para falar a verdade*) também podem ser usadas com a mesma função de diminuir o impacto de uma opinião ou resposta negativa:

> It's an interesting idea, but **frankly** I don't think it's for us.
>
> *É uma ideia interessante, mas sinceramente não acho que seja para nós.*

Outra expressão muito comum é '**I have to admit**' (ao pé da letra '*tenho que admitir*') ou o advérbio '**admittedly**', quando vai dizer algo negativo, muitas vezes sobre *você mesmo*, vai conceder ou admitir que algo é verdade, (mas...):

> **I have to admit**, I hardly ever read books in Portuguese.
>
> *Tenho que ser sincero/Para falar a verdade, quase nunca leio livros em português.*

- **(Un)fortunately.** O sentido é igual a *'(in)felizmente'*, mas, além de ser usada com um pouco mais frequência em inglês, pode apresentar dificuldades de compreensão devido à pronúncia bem curta, com o som de **/tch/** no meio: /**(an)fórtchãnãtli**/:

> **Fortunately**, it was a lovely day. **Unfortunately**, I got sunburn!
>
> *Felizmente, foi um dia ensolarado. Infelizmente, me queimei.*

- **Especially.** Como o adjetivo é 'special' (*especial*), há uma tendência de falar essa palavra sem o 'e' – /**spéchli**/:

> I absolutely love pizza, **especially** pepperoni.
>
> *Eu adoro pizza, especialmente de calabresa.*

- **Literally** (*Literalmente*). Porém, além do sentido 'literal' é muito usado em inglês para enfatizar palavras, principalmente para provocar um efeito dramático no relato de eventos:

> Then she **literally** stopped in the middle of the highway.
>
> *Daí ela literalmente parou no meio da rodovia.*

- **Apparently.** Na verdade, é um tipo de falso cognato,* porque o sentido mais comum em inglês é '*fiquei sabendo que...*', '*ouvi (falar) que...*' ou '*dizem que...*', muitas vezes para introduzir uma notícia ou fofoca que você não pode verificar pessoalmente:

> **Apparently** the company is going to build the factory in Mexico.
>
> *Dizem que a empresa vai construir a fábrica no México.*

---

* Veja *Inglês que Não Falha*, a partir da página 9.

♦ **Incidentally.** Outro marcador bastante comum, ou para introduzir um assunto conectado com o que está falando (como '*a propósito*' ou '*por falar nisso*'), ou para indicar algo que acabou de lembrar (veja '**by the way**' e outras expressões na página 87):

> I know, she's a great singer. **Incidentally**, she's playing here in June.
>
> *Sim, ela é uma ótima cantora. A propósito, ela vai fazer um show aqui em junho.*

♦ **Hopefully.** Palavra bastante usada em inglês como uma alternativa para 'hope that' ('*esperar que...*'), ou a construção mais comum em português '*tomara que...*', com um espírito de otimismo em relação a um acontecimento:

> **Hopefully** the next time we see you, we'll be in the new house.
>
> *Tomara que a próxima vez que a gente se veja, estejamos na casa nova.*

♦ **Presumably.** Para mostrar que você acha algo bastante provável, literalmente que pode supor que algo vai acontecer ou que já tenha acontecido:

> So if the accident was his fault, **presumably** his insurance will pay for the repairs.
>
> *Então, se o acidente foi a culpa dele, supostamente o seguro dele vai pagar os reparos.*

REAGINDO

É muito frequente as pessoas começarem a sua fala com algum tipo de concordância ou sinal de que escutou e entendeu o que a outra pessoa acabou de dizer. Pode ser um som como '**hum-hum**' ou '**anrã**', uma palavra como '**yeah/yep/yup**' (= yes), '**ok**' ou '**right**', ou uma frase um pouco mais completa:

♦ Para expressar concordância:

That's true (I suppose) (*É verdade [eu acho]*), **Absolutely** (*Com certeza*), **That's a good point** (*É uma boa observação*), **I see your point** (*Vejo o seu ponto de vista*), **I know what you mean** (*Sei o que você quer dizer*):

> **A:** The system needs modernizing. **B: That's true... absolutely.**
>
> *A: O sistema precisa ser modernizado. B: É verdade... sem dúvida.*

♦ Às vezes, a reação pode expressar surpresa ou falta de crença no que foi dito, geralmente acompanhada por uma entonação bastante exagerada:

'**No?!**', '**Yeah?**', '**(No) Really?**' (*Não, sério?*), '**Are you serious?**' (*Está falando sério?*), '**You've got to be kidding/joking!**' (*Você deve estar brincando!*), '**(Oh my) God!**' (*Meu Deus!*), '**Jesus/Jeez**' (*Jesus*), '**Wow!**' (*Uau!*), '**Shit!**' (*Puta merda!*).

> **A:** Then the policeman let us go.
>
> *A: Daí o guarda liberou a gente.*
>
> **B: Really? Are you serious?** No fine or anything?!
>
> *B: Ah, é? Tá falando sério? Sem multa ou nada?!*

♦ Outras vezes, a reação pode expressar um grau de dúvida, tipo '*você tem certeza?*', principalmente quando há uma entonação que começa mais baixo e depois sobe:

> Student: I did my homework, but the dog ate it!
>
> *Aluno: Fiz a tarefa, mas o cachorro comeu!*
>
> Teacher: **Really**?! **That's amazing!**
>
> *Professor: Sério? Isso é incrível!*

♦ Também é bastante comum usar construções de *dedução* para mostrar empatia com a situação ou a emoção que a outra pessoa está relatando:

must be/have/go etc. (*deve ser/ter/ir etc.*)
must have been/had/gone etc. (*deve ter sido/tido/ido etc.*)
can't be/have/go etc. (*não deve ser/ter/ir etc.*)
can't have been/had/gone etc. (*não deve ter sido/tido/ido etc.*)

> **A:** He pointed the gun at me.
>
> *A: Ele apontou a arma para mim.*
>
> **B: My God!** That **must've been** so frightening!
>
> *B: Meu Deus! Deve ter sido tão assustador!*

♦ O último tipo de reação chama-se, em inglês, de 'echoing' (*ecoando*); quando a pessoa repete uma parte importante do que a outra pessoa disse, em inglês muitas vezes com uma 'tag question' (como '*né?*', em português).

> **A:** Look at this. What a fantastic view!
>
> *A: Olhe só. Que vista maravilhosa!*
>
> **B: (It is) Isn't it?**
>
> *B: É, né?*
>
> **A:** He never lets you get a word in edgeways.
>
> *A: Ele nunca te deixa falar nada.*
>
> **B:** No, he doesn't, **does he**, that's true.
>
> *B: Não, ele não deixa, é verdade.*

CONECTANDO PARTES DA CONVERSA

Agora trataremos das famosas 'linking words', que servem para fazer conexões entre as partes de uma frase, mostrando a relação entre os blocos de linguagem. Neste livro, basta salientar as palavras que causam mais dificuldade de compreensão e aquelas mais empregadas em conversas informais:

♦ **Though** (*Embora*). A forma mais curta de '**although**' /orl<u>thou</u>/, e muitas vezes reduzida para /**thou**/ em conversas rápidas:

> We had a really good time, **though** it was a little expensive.
>
> *A gente se divertiu bastante, embora tenha sido um pouco caro.*

Também aparece como '**even though**' /ii<u>vã</u>n thou/ no meio/começo da frase:

> **Even though** she's never been abroad, her English is practically fluent.
>
> *Apesar de nunca ter viajado para o exterior, ela fala inglês quase fluentemente.*

◆ **However** (*Porém*). Apesar de ser uma palavra mais formal, geralmente usada para começar uma frase nova, com a pronúncia mais curta de /**rauévã**/:

> The contract seems fine. **However,** there are some details to be worked out.
>
> *O contrato parece bom. Porém, há alguns detalhes a serem trabalhados.*

◆ **In spite of** (*Apesar de*). Sinônimo de '**despite**', mas esta expressão fica mais difícil de entender por causa da conexão entre os sons, que deixa a pronúncia como /**nspaitãv**/:

> **In spite of** losing the popular vote, Trump was elected President of the USA.
>
> *Apesar de perder o voto popular, Trump foi eleito Presidente dos EUA.*

◆ **Still** (*Mesmo assim/Por outro lado*). Além do sentido comum de '*ainda*' (como em 'I still read comics' – *Eu ainda leio gibi*), é bastante usado no sentido de '*mesmo assim*', principalmente no meio da frase, com uma pronúncia estendida:

> The gym doesn't have much equipment. **Still,** it's pretty cheap, so...
>
> *A academia não tem muito equipamento. Mesmo assim, é baratinha, então...*

◆ **'Mind you'** (*Por outro lado*). Outra expressão que também traz o sentido de '**on the other hand**' e não tem nada a ver com '**I don't mind**' (*Não me importo*) ou '**Do/Would you mind?**' (*Você se importa/importaria?*):

> Not exactly what I wanted. **Mind you,** 'you can't look a gift horse in the mouth'.
>
> *Não é exatamente o que eu queria. Por outro lado, 'cavalo dado não se olham os dentes'.*

◆ **Due to** (*Devido a*). Sinônimo de '**owing to**', ambos representando um desafio de compreensão por causa da forma fraca no 'to' (/**tã**/) e por causa da conexão entre as duas palavras, que deixa a pronúncia como /**diútã**/:

> **Due to** circumstances beyond our control, all flights have been cancelled.
>
> *Devido a circunstâncias além do nosso controle, todos os voos foram cancelados.*

♦ **That's why** (*Por isso, por este motivo*). Como o 't' no final de 'that' é engolido, a pronúncia fica mais parecida com /**thasuai**/:

> You're always late and you're rude to customers. **That's why** I'm firing you!
>
> *Você está sempre atrasado e é grosso com clientes. Por isso estou te demitindo!*

♦ **As well/As well as** (*Também/Além de*). Existe uma conexão entre as palavras que quase muda o som inicial para /z/ = /(ã)**zuél**/ ou /(ã)**zuélaz**/.

> He's got a Ferrari, a Porsche and a Jeep Cherokee **as well.**
>
> *Ele tem uma Ferari, um Porsche e um Jeep Cherokee também.*

♦ **As well as being**

> **As well as being** an amazing actor, Matt Damon has also won an Oscar for best screenplay... makes you sick, doesn't it?
>
> *Além de ser um ator maravilhoso, Matt Damon já ganhou o Oscar de melhor roteiro... que inveja, né?*

♦ **Not only** (+ forma interrogativa) **but also**... (*Além de... também...*). As duas palavras de cada parte se juntam para produzir a pronúncia de /**nótounli**/ e /**bãtólsou**/:

> **Not only** does he have three dogs, **but also** he has 6 cats!
>
> *Além de ter três cachorros, ele também tem 6 gatos!*

Exercício 2.

MARCADORES DE DISCURSO (2)

Escute a entrevista com um guitarrista famoso, e preencha as lacunas com os marcadores de discurso ou de atitude. Dica: as respostas estão de acordo com o tamanho e o número dos espaços:

A. .... how did you, um, ... start playing the guitar?

B. .... , um, ... I had lessons at school when I was about 8 or 9 I ...., but I really wasn't that good ....

A. But .... you got better, ..., you joined your first band when you were only 14, didn't you?

B. Yeah, I .... so. ...., it took me another couple of years to kind of get it together to really play, ...

A. ...., to be able to, ..., play in front of an audience.

B. ...., in those days I was ...., like, sick before each gig, ...?

A. Really? .... what about the first record? ...., ... playing gigs you were also recording, weren't you?

B. ....'.... ...., yeah. In fact, that's why we chose Andy to play guitar, because, ..., his dad had a studio, so we could .... make a record for free, ...

A. ...., it's a great record, ...

B. Yeah, I .... it .... worked out in the end.

A. *Então, como você, hum, começou a tocar violão?*

B. *Bem, hum, basicamente eu tive aulas no colégio quando tinha uns 8 ou 9 anos, eu acho, mas, para falar a verdade, eu não era muito bom.*

A. *Mas é claro que você melhorou, quer dizer, você entrou na sua primeira banda com apenas 14 anos, né?*

B. *É, acho que sim. Porém, levou mais uns dois anos para conseguir tocar mesmo, sabe?*

A. *Quer dizer, para conseguir, assim, tocar para o público.*

B. *Mesmo assim, naquela época literalmente passava mal antes de cada show, sacou?*

A. *Sério? E o primeiro disco? Quer dizer, além de fazer shows, vocês estavam gravando também, né?*

B. *Tá certo, sim. Aliás, foi por isso que escolhemos o Andy para tocar violão, porque, sabe, o pai dele tinha um estúdio, daí poderíamos gravar um disco de graça, entendeu?*

A. *De qualquer jeito, é um ótimo disco, na minha opinião.*
B. *É, acho que deu mais ou menos certo no final.*

PAUSAS E REPETIÇÕES

Além das coisas que as pessoas falam entre as frases principais, também é importante considerar o que as pessoas *não* falam, ou seja, as pausas empregadas por vários motivos em uma conversa típica. Usamos pausas para planejar o que vamos dizer, para esclarecer os nossos pensamentos, para diminuir a velocidade da conversa e, às vezes, no meio de uma frase para não deixar a outra pessoa interromper! Além disso, uma pausa pode aumentar o impacto das palavras que carregam as informações importantes, criando expectativa ou um efeito dramático.

> **I've got... some bad news... the dog has... eaten your wallet, and... all the money in it.**
>
> *Tenho... uma má notícia... o cachorro... comeu a sua carteira e... todo seu dinheiro.*
>
> **Suddenly there was this... loud bang, and everyone came... came rushing out.**
>
> *De repente, houve um... barulho bem forte, e todo mundo saiu... saiu correndo.*

Para facilitar as nossas pausas, é comum emitir sons como '**um**' (*hum*) e '**er(m)**' (*ãr*) e empregar frases como '**let me see**' (*deixe-me ver*), '**let me think**' (*deixe-me pensar*), '**that's interesting/difficult/funny**' (*é interessante/difícil/engraçado*) para ganhar mais tempo, ou frases como '(**just**) **wait**', '**hold on**', '**hang on**' (todas com o sentido de '*espere aí*', muitas vezes com '**a moment/a minute/a second/a sec**' depois, ou '(**just**) **let me finish**' (*deixe-me terminar*) para evitar interrupções.

> **So um...the thing is...I...er...I mean we...er...we've lost your luggage.**
>
> *Então hum...é o seguinte...eu...ãr...quer dizer nós...ãr...perdemos a sua bagagem.*
>
> **Now let me see...um...ok, hold on a second...er...Davies you said...yes, here we are.**
>
> *Agora deixe ver... hum... tá bom, só um pouquinho... ãr...Davies, você falou?...Sim, aqui está.*

Nesses exemplos, observa-se que muitas vezes usa-se 'er' ou 'um' em combinação com outra palavra que vem:

| Depois: | so um… and um… but um… then um… well um… if er etc. |
| | so er… and er… but er… then er… well er… if er etc. |

Then er…the criminal and…the victim…can um…meet, well um…personally.

Daí ăr… o criminoso e… a vítima… podem… se encontrar… pessoalmente.

| Antes: | um yeah… um well… um so… um then etc. |
| | er yeah…er well…er so…er then etc. |

Um yeah… the only problem with that is… er well… I'm kind of er… broke.

Sim… o único problema é que… bem… estou tipo assim… sem dinheiro.

Às vezes, as pessoas precisam empregar uma pausa porque precisam de mais tempo enquanto estão falando, geralmente para conferir uma informação ou fazer um cálculo mental ao mesmo tempo:

So when can we meet? Let's say… um… how about Thursday afternoon?

Então, quando podemos nos encontrar? Deixa ver… que tal quinta à tarde?

The ticket costs $55, which is about… um… around R$160.

A passagem custa $55, que dá uns… mais ou menos R$160,00.

Finalmente, é importante perceber como em inglês as pausas são frequentemente acompanhadas por uma *extensão na pronúncia da palavra antes da pausa* (e a repetição da palavra depois da pausa), bem como em outros idiomas. Isso serve para dar tempo para pensar na palavra certa ou no jeito certo de se expressar. Esse fenômeno geralmente acontece:

♦ **Depois de um artigo ou preposição** (*the, a, an, some, to, in, on, at* etc.):

You have to connect the… the blue wire to the… er… to the… input socket.

Você precisa conectar o… o fio azul com a… com a entrada.

She lives in this, like… um… really old house, with a kind of… er… tower.

Ela mora numa, tipo… numa casa bem velha com um tipo de… torre.

They took her to… er… to the hospital, but they had to go by… um… taxi.

Eles a levaram para o… para o hospital, mas tiveram que ir de… táxi.

♦ **Antes de um verbo:**

> **So she just... um... ripped up the fine and then... threw it in the policeman's face!**
>
> *Então, ela simplesmente... rasgou a multa e daí... jogou na cara do policial!*
>
> **If you... um... don't pass the test, you... well... you don't go to the next level.**
>
> *Se você... não passar na prova, você... bem... não vai passar para o próximo nível.*

♦ **Depois de um verbo auxiliar ou o verbo 'to be':**

> We should… er… rent a car. Then we could… um… arrive earlier.
>
> *Deveríamos… alugar um carro. Daí poderíamos… chegar mais cedo.*
>
> Thanks for dinner... it was... um... interesting, and... original.
>
> *Obrigado pelo jantar... foi... interessante e... original.*

Exercício 3

PAUSAS

♦ **Escute as frases 1-3 no áudio e conte o número de pausas com 'UM' ou 'ER':**

1............................... 2............................... 3...............................

♦ **Escute as frases 4-6 no áudio e escreva-as sem as pausas (com 'UM' ou 'ER') e sem repetições:**

4..

5..

6..

Seguindo o princípio de 'ganhar tempo', é muito comum as pessoas empregarem palavras e frases deliberadamente vagas *para evitar ir direto ao assunto*, ou às vezes porque não têm informações ou conhecimentos mais específicos. Existem, em português, frases como '*tipo assim*', '*e tal*', '*esse negócio*', '*aquele troço*', além do grande favorito dos brasileiros: '*mais ou menos*'. Novamente, em alguns casos, existe uma tradução direta, mas também existem, em inglês, formas de linguagem vagas que, às vezes, não têm equivalência em outros idiomas. A seguir, são apresentadas as expressões mais comuns que frequentemente não adicionam informações, ou seja, são basicamente redundantes.

KIND OF e SORT OF

Sem dúvida, duas expressões essenciais para quem quiser entender as conversas informais hoje em dia, na mesma proporção que as expressões '*tipo*', '*assim*' ou '*tipo assim*' fazem parte das conversas cotidianas no Brasil. Antes de adjetivos, porém, a melhor tradução seria '*meio*', como '*meio pesado*' (**kind of** heavy), '*meio sujo*' (**sort of** dirty) etc. Além disso, são empregadas antes de quase todos os tipos de palavras, principalmente por dois motivos:

- ♦ Para hesitar ou procurar a palavra certa.
- ♦ Para não se comprometer com algo que você não sabe se é verdade.

> She's **kind of** rude, but she manages to be **sort of** funny at the same time.
>
> *Ela é meio grossa, mas ela consegue ser engraçadinha ao mesmo tempo.*
>
> He got this **kind of** pâté which was **sort of**... yellow... it was **kind of**... gross.
>
> *Ele comprou um tipo de patê, que estava meio... amarelo... era... assim... nojento.*

É importante perceber a mudança de pronúncia das frases em uma conversa rápida: a primeira fica cortada para /**kainã(v)**/ e a segunda para /**sórtã(v)**/ em inglês britânico e /**sórdã(v)**/ em inglês americano. Podemos até escrever desse jeito para facilitar a memorização:

> We're **kainã** like, you know, dating.
>
> *A gente tá, tipo assim, sabe, namorando.*
>
> He was **sórdã** dancing around, with a **sórdã** stupid grin on his face.
>
> *Ele 'tava, tipo assim, dançando, com um sorriso meio bobo no rosto.*

Finalmente, essas expressões também combinam com 'some'; '**some kind of**', '**some sort of**' ou '**some type of**', com o sentido de *'um/algum tipo de'*.

> He works for **some kind of** NGO, as **some type of** researcher.
>
> *Ele trabalha em algum tipo de ONG, como uma espécie de pesquisador.*

LIKE

Outra palavra que causa bastante sofrimento entre estudantes da língua inglesa. Existem vários sentidos,[*] mas, como marcador de conversa,

---

[*] Veja um resumo de outros usos de 'like' e um contraste com 'as' no livro *Inglês que Não Falha*, páginas 60 e 61.

são dois os usos principais. Primeiro, para acrescentar um exemplo, o equivalente a '*como*' em português:

> Floripa is full of lovely beaches, **like** Moçambique, Mole, Jurerê...
>
> *Floripa é cheia de praias lindas, como Moçambique, Mole, Jurerê...*

Além disso, é muito usada em conversas informais quando há uma busca pela palavra certa ou simplesmente com a intenção de provocar um efeito dramático, mais ou menos a função de '*tipo*' ou '*assim*'. Junto com '**I mean**' (*quer dizer*), '**you know**' (*sabe*) e '**kind of**' (*tipo*).

> She gave me this **like** huge list of the rules of the house.
>
> *Ela me deu, tipo, uma lista enorme de todas as regras da casa.*
>
> The guy was **like** falling over drunk.
>
> *O cara estava assim, caindo de bêbado.*
>
> I must've told you **like** a thousand times... don't speak with your mouth full!
>
> *Eu devo ter falado umas mil vezes com você... não fale de boca cheia!*

THINGS/STUFF/SHIT/BUSINESS

Para quando não queremos especificar o que estamos dizendo, também usamos várias palavras e expressões para dizer '*coisas*', como '**that type of thing**' ('*este tipo de coisa*'), '**(or) something like that**' ('[*ou*] *alguma coisa/algo assim*') e '**one of those things**' ('*uma daquelas coisas*'):

> Have you got **one of those things** for unblocking the toilet?
>
> *Você tem uma daquelas coisas para desentupir o vaso sanitário?*
>
> He's the manager, or **something* like that**. He deals with staff problems, **things like that**.
>
> *Ele é o gerente, ou algo assim. Lida com problemas de funcionário... coisas assim.*

---

* A pronúncia muda para /**sãmin**/ em conversas rápidas.

Porém, há também a palavra informal '**stuff**' /stãf/, que pode ser usada no lugar de 'things', mas nunca no plural (~~stuffs~~), pois é incontável:

> It's Tex-Mex food, you know, guacamole, chilli, **that kind of stuff**.
>
> *É comida Tex-Mex, sabe, guacamole, chili, esse tipo de coisa.*
>
> You know **that stuff** you use to stick **stuff** on the wall?
>
> *Sabe aquele troço que se usa para colar coisas na parede?*

Além disso, 'stuff' também tem o sentido de '*pertences*', ou seja, as coisas *de alguém*:

> Just leave your **stuff** over there and we'll get the **stuff** for the presentation.
>
> *Deixa as suas coisas aí e vamos pegar as coisas para a apresentação.*

A terceira opção para dizer '*coisas (de alguém)*' é um dos palavrões mais versáteis na língua inglesa: '**shit**' (*merda*), e, portanto, muitas vezes é usada para expressar coisas *chatas* ou *negativas*.

> She leaves her **shit** everywhere; she doesn't give a shit!
>
> *Ela sempre deixa as coisas dela em todo lugar; ela não dá a mínima.*
>
> I have to put up with a lot of **shit** in my job.
>
> *Preciso aguentar muita coisa chata no meu trabalho.*

Finalmente, a palavra '(**this/that**) **business**' pode ser usada como '*(este/aquele) negócio*' em português, no sentido de '*um assunto*' ou '*um evento*':

> **All that business about** the hurricane really made us worried.
>
> *Todo aquele negócio sobre o furacão deixou a gente bastante preocupado.*
>
> What's all **this business** I hear about you going to live in Australia?
>
> *O que significa todo esse negócio que ouvi, de que você vai morar na Austrália?*

(OR) SOMETHING LIKE THAT/ANYTHING/WHATEVER

A primeira tem um equivalente direto em português, 'ou alguma coisa (assim)', para indicar que não tem certeza se o que você está dizendo é exato:

> There's going to be a prize draw **or something like that**.
>
> *Haverá um sorteio com prêmios ou alguma coisa assim.*

Essa expressão, junto com a segunda '(or) anything', também é empregada com as funções de oferecer ou sugerir:

> Do you want a soda **or anything**?
>
> *Você quer um refri ou alguma coisa?*
>
> We could go to the park and have a picnic **or something**.
>
> *Podemos ir ao parque e fazer um piquenique ou algo assim.*

Da mesma forma, usa-se a expressão '(**or**) **whatever**', que vem no final da frase ou como uma resposta curta, com dois sentidos possíveis. Primeiro, pode significar 'ou algo assim':

> Can you get some snacks, cookies, chips **or whatever**?
>
> *Pode comprar uns salgadinhos, bolachas, chips ou algo assim?*

Segundo, pode ter o sentido de 'tanto faz', 'não importa o que/qual', muitas vezes junto com um dos verbos 'like, 'want' ou 'feel like':*

> You can wear **whatever** you want and bring **whoever** you feel like.
>
> *Você pode usar qualquer roupa que quiser e trazer quem você quiser.*

---

* As palavras '**whenever**', '**wherever**' e '**whoever**' são usadas com o mesmo sentido e significam 'qualquer hora', 'qualquer lugar' ou 'qualquer pessoa', respectivamente.

Com uma entonação mais baixa, pode indicar uma falta de interesse ou uma atitude de '*não tô nem aí*', e por isso é tão comum entre adolescentes!

> Would you like blue or green? **Whatever**.
>
> *Você quer azul ou verde? Tanto faz.*
>
> **Mom:** Your punishment is… you're grounded for a month! **Son:** Yeah? **Whatever**.
>
> *Mãe: O seu castigo é... não pode sair durante um mês! Filho: Ah, é? Tanto faz.*

ETCETERA/AND SO ON/AND SHIT

A primeira tem o mesmo sentido que em português, de '*e tudo*' ou '*e tal*', só que é usada com mais frequência em inglês. A pronúncia também é cortada, enfatizando somente as duas últimas sílabas = /**sétchrã**/:

> Right then, we have to check the equipment; the tent, sleeping bags **etcetera**.
>
> *Vamos checar o equipamento; a barraca, sacos de dormir e tudo.*

A segunda frase, 'and so on', tem o mesmo sentido que 'etc.', só que é usada principalmente em conversas informais:

> She explained how the system worked, who did what **and so on.**
>
> *Ela explicou como funcionava o sistema, quem fez o quê etc.*

Outra opção, não muito educada, mas bem comum, é '**and shit**' no final da frase, também para evitar a necessidade de completar a frase mais especificamente:

> I'm going to have to study hard; there are essays and tests **and shit**.
>
> *Vou ter que estudar bastante; há redações, provas e coisas assim.*

(A)ROUND/ABOUT/SOMETHING LIKE/OR SO/-ISH

É importante lembrar que, quando se está falando de quantidade, números ou horas, a tradução mais comum de '*cerca de*' ou '*mais ou*' *menos** é 'around' ou 'about', muitas vezes sem a pronúncia de 'a' no começo: /(ã)**wraund**/ ou /(ã)**baut**/:

> At **about** 11 o'clock, **around** fifty people suddenly turned up.
>
> *Lá pelas 11 horas, cerca de cinquenta pessoas chegaram de repente.*
>
> **A:** What's the population of Rome? **B:** Not sure, **about** three million I guess.
>
> *A: Qual é a população de Roma?   B: Não tenho certeza, +/- 3 milhões, eu acho.*

A palavra 'about' também aparece na frase '**just about**' (*quase*), geralmente antes de expressões de quantidade como 'all', 'everyone/body/thing', 'the only' etc.:

> **Just about everyone** has a smartphone. I'm **just about the only** person still resisting.
>
> *Quase todo mundo tem smartphone. Sou quase a única pessoa que ainda resiste.*

Também é comum usar a expressão '**something like**' (ao pé da letra: *'algo como'*) antes de número ou quantidade, com a pronúncia de /**saminlai(k)**/:

> **Something like** 20% of the world's population uses **something like** 70% of the energy.
>
> *Mais ou menos 20% da população do mundo usa algo como 70% da energia.*

Outra possibilidade é a expressão '**or so**', que vem *depois* do número, quantidade ou hora, com o sentido de *'mais ou menos'* ou *'por aí'*:

> **A:** How much meat did you get? **B:** Four kilos **or so**.
>
> *A: Quanta carne que você comprou? B: Quatro quilos, por aí.*
>
> Luciano Huck makes R$2 million **or so**... a month!
>
> *L. H. ganha mais ou menos R$2 milhões... por mês!*

A última palavra da lista é um sufixo usado em conversas informais, –**ish**, quase exclusivamente com horas, idades e cores, com o sentido de

---

* Para as outras traduções de 'mais ou menos', veja *Inglês que Não Falha*, página 65.

'*mais ou menos*', '*uns/umas*', '*meio*', '*tipo*' ou '*lá pelas...*'. Muitas vezes, vem junto com 'around' ou 'about' na mesma frase:

> She's about **40ish**, with long, **reddish** hair.
>
> *Ela tem uns 40 anos e cabelo longo, meio ruivo.*
>
> We got to the party around **10.30ish** and left around **3ish**.
>
> *Chegamos na festa às 10h30 mais ou menos e fomos embora lá pelas 15h.*

OVER/DOWN/UP/ROUND + (TO) LUGAR/THERE/HERE

Outro tipo de linguagem vaga, que se refere às posições 'aqui' e 'ali/lá' de uma forma mais geral, com uma combinação dessas duas partes.

> Leave your jacket **over there**.
>
> *Deixe o seu casaco ali.*
>
> Let's go **over there** and have a look then.
>
> *Então vamos lá dar uma olhada.*
>
> Come **over here** and give me kiss.
>
> *Venha aqui e me dê um beijo.*

Talvez o equivalente mais próximo em português, nesse caso, seja a adição do som 'ó' depois de 'aqui' ou 'ali', como 'procure *ali, ó*', 'a chave tá *aqui, ó*'.

'**Down**' e '**up**' são palavras que podem ser empregadas com os sentidos literais de '*para cima*' e '*para baixo*' (subir e descer), no caso de o falante estar em outro andar ou nível:

> Come **down here** at once, I want a word with you.
>
> *Desça agora, neste momento, quero falar com você.*
>
> Run **up there** and get the hammer, ok?
>
> *Suba correndo e pegue o martelo, tá bom?*

Porém, muitas vezes as duas são usadas para expressar outras direções, como norte (*up*) e sul (*down*), o centro/cidade grande (*up*) e o interior (*down*), ou simplesmente para reforçar a ideia de distância entre dois lugares:

> You guys could come **up to** Floripa, or we'll go **down to** Porto Alegre... whatever.
>
> *Vocês podem vir até Floripa, ou podemos ir para Porto Alegre... tanto faz.*
>
> I'll call you when I get **up to** town, then I'll get a cab **up to** your place.
>
> *Eu te ligo quando chegar ao centro, daí vou pegar um táxi até a sua casa.*

'**Round**' é também usada para enfatizar o deslocamento envolvido em uma ação, principalmente para ir à casa ou ao trabalho de alguém.

> They rushed **round there** only to discover it was a false alarm.
>
> *Eles foram para lá depressa só para descobrir que era um alarme falso.*

THIS/THESE

Apesar de serem palavras normalmente referentes aos substantivos específicos, também são bastante usadas para falar de algo que está sendo introduzido em uma história ou piada, sem necessariamente dar muitos detalhes, tal como ocorre em português:

> So anyway, **this** guy comes up to me and gives me **these** red roses.
>
> *Então, esse cara veio até mim e me deu algumas rosas vermelhas.*
>
> We stopped at **this** tiny village, full of **these** weird people.
>
> *Paramos nessa cidadezinha, cheia dessas pessoas meio esquisitas.*

THEY/YOU

O primeiro é igual ao português, que também usa 'eles' com o sentido de *as pessoas que geralmente fazem isso*; por exemplo, 'eles estão construindo um shopping em Itacorubi' (ou seja, as pessoas que constroem shoppings: arquitetos, engenheiros, pedreiros etc.):

> **They** made cannabis legal in some US states.
>
> *Eles legalizaram a maconha em alguns estados dos EUA. (= juízes, a polícia)*
>
> **They say** the economy is going to pick up next year.
>
> *Dizem que a economia vai se recuperar no ano que vem. (= jornais, políticos)*

A segunda, 'you', além do sentido de 'você(s)', pode ser usada com um sentido de *pessoas em geral*, de *todo mundo*; o equivalente de 'você' ou do reflexivo 'se' antes do verbo em português, como *Não se pode fumar aqui* (You can't smoke here). Pela minha experiência, acredito que esse sentido pode causar confusão, então é preciso sempre ficar atento a esse pronome quando tiver um sentido mais vago:

> If **you** tell the US immigration **you**'re a communist, **they** won't let **you** in.
>
> *Se você disser à imigração americana que é comunista, eles não vão te deixar entrar.*
>
> **You** don't see many black people driving luxury cars in Brazil.
>
> *Não se veem muitos negros dirigindo carros de luxo no Brasil.*

Exercício 4

LINGUAGEM VAGA

Traduza as frases a seguir, prestando atenção às partes sublinhadas:

1. He works in some kind of intelligence agency; top secret stuff apparently.

....

2. There are <u>around</u> 50 people in the company: the sales team, secretaries, <u>and so on.</u>

....

3. Just leave your <u>shit over there</u> and we can go get a drink <u>or something</u>.

....

4. My God, <u>they're</u> really making a <u>big deal</u> about this transgender toilet <u>business</u>.

....

5. We left at <u>about</u> 10.00, so we should be <u>down there</u> by about 3-ish.

....

6. The kids just <u>kind of</u> do <u>whatever</u> they like, running around screaming <u>and shit</u>.

....

7. **A:** How many of these <u>things</u> do we need? **B:** I don't know <u>really</u>, 20 <u>or so I guess</u>.

....

8. <u>You</u> have to take the usual documents: ID, proof of address, <u>stuff like that</u>.

....

Agora escute as frases prestando atenção na pronúncia das partes sublinhadas.

EXPRESSÕES PARA QUANTIFICAR, MODIFICAR OU AVALIAR

Exemplos comuns em português são 'muito', 'poucas' ou 'bem + adjetivo', mas, somente para variar, existe uma diversidade maior em inglês, pois geralmente há várias maneiras de expressar a mesma ideia:

♦ **A bit, a little.** Importante observar como a pronúncia de ambas muda em conversas rápidas para /ãbi(t)/ e /ãlidãl/, respectivamente.

> He's **a bit** shy, so he always gets **a little** nervous meeting people.
>
> *Ele é um pouco tímido, então fica meio nervoso ao conhecer pessoas.*

> You're driving **a little** slowly. Can't you go **a bit** faster?
>
> *Você está andando meio devagar. Não pode andar um pouco mais rápido?*

♦ **Quite, pretty.*** Duas palavras muito comuns em conversas cotidianas, geralmente usadas antes de adjetivos, com o sentido de '*um pouco*', '*meio*' ou '*-inho/-inha*'. Também apresentam dificuldades para compreensão, por causa do corte do som de 't' no 'quite' (/**kuai**/), e a mudança do 'tt' em 'pretty' para o som de 'd' (/**pridi**/):

> The film was **quite** long, but **pretty** good.
>
> *O filme foi meio longo, mas legalzinho.*

> It's **quite a long way** and the road is **pretty** bad, so it'll take **quite a while**.
>
> *É um tanto longe e a estrada é um pouco ruim, então vai levar um bom tempo.*

Lembre-se de que a palavra 'quite' também é usada antes de alguns verbos, principalmente '**quite like**' e '**quite enjoy**', com o sentido de gostar ou se divertir *um pouco*, mas não *muito*:

> I **quite enjoyed** the concert because I **quite like** 70's music.
>
> *Curti o show porque gosto bastante de músicas dos anos 70.*

---

* Esse uso informal de 'pretty' não tem nada a ver com o adjetivo 'pretty', que significa 'bonit(inh)a': She's such a **pretty** girl! *Ela é uma menina tão bonita!*

♦ **Slightly.** Outra palavra com o significado de '*um pouco*', geralmente para expressar algo *negativo*:

> The soup was **slightly** salty and the steak was **slightly** overdone.
>
> *A sopa estava um pouco salgada e o bife, um pouco cozido demais.*

Mais uma vez, o 't' de 'slightly' está quase engolido na pronúncia rápida = /**slaili**/. Além disso, essa palavra é comum com comparativos (*melhor, maior, mais caro etc.*) positivos ou negativos, da mesma forma que 'a little' ou 'a bit':

> The house is **a bit** bigger and **a little** closer to town, so the rent is **slightly** higher.
>
> *A casa é um pouco maior e um pouco mais perto do centro, então o aluguel é um pouquinho mais caro.*

NOT + THAT.../SO.../ VERY.../ PARTICULARLY.../ ESPECIALLY...

Em português, existe a opção de usar o verbo no negativo e um adjetivo/advérbio oposto. Em vez de dizer 'ele é baixo', pode-se dizer '*ele não é muito alto*' ou, se quiser negar que ele é muito alto, '*ele não é tão alto assim*'. As duas expressões também são bastante usadas em inglês, 'not very tall' e 'not so tall', mas também há a opção de dizer 'not that tall' ou 'not particularly/especially tall':

> Katy Pery's voice **isn't** really **that good** to be honest.
>
> *A voz da Katy Perry não é tão boa assim, para ser sincero.*
>
> The food was **not particularly** good, and it certainly was**n't that** cheap!
>
> *A comida não era muito boa e, com certeza, não foi muito barata!*

UM POUCO (+ SUBSTANTIVO)

♦ **A bit (of), a little (of).** Palavras usadas com substantivos 'incontáveis' - líquidos, substâncias, valores etc.. Quando o 'of' vem depois (como 'de' em português), a pronúncia pode ficar como /**ãbíd(ãv)**/ ou /**ãlidl(ãv)**/:

> He had **a bit of** trouble with the assignment, so I gave him **a little** help.
>
> *Ele teve um pouco de dificuldade com a tarefa, então ajudei ele um pouco.*

Às vezes, essas palavras podem indicar uma atitude mais negativa, 'um pouco' que *não é suficiente*, ou seja, 'só um pouco'. Servem como tradução: '**just a little/bit**' ou '**only a bit/little**', ou '**little**' sem 'a' (como 'pouco' sem 'um'):

> There's very **little** cheese and **just a bit** of bread. What a picnic!
>
> *Há muito pouco queijo e só um pouquinho de pão. Que piquenique!*

Vale a pena também incluir aqui a expressão '**hardly any (thing)**', que significa '*quase nenhum/nada*', bem como as expressões '**hardly anyone**' (*quase ninguém*), '**hardly anywhere**' (*quase nenhum lugar*) e '**hardly ever**' (*quase nunca*).

É importante observar como as palavras se juntam em conversas rápidas, como /**rardliéni**/, por exemplo:

> **Hardly any** of the employees went to the ceremony.
>
> *Quase nenhum dos funcionários foi à cerimônia.*

♦ **A few (of).** Usada para dizer alguns/algumas (pessoas, carros, canetas etc.), com a pronúncia mais parecida com /**ãfíuã(v)**/, e apenas '**few of**' (sem o 'a') tem o sentido mais negativo de '*poucos/poucas*'. Compare:

> **A few of my** old friends came to the wedding.
>
> *Alguns dos meus velhos amigos vieram para o casamento.*
>
> **Few of my** old friends came to the wedding.
>
> *Poucos dos meus velhos amigos vieram para o casamento.*

♦ **'Quite a few'/kwaidãfíu/ e 'a fair bit' /ãférbí/** têm sentido mais positivo, bastante, um número/quantidade suficiente:

> There are **quite a few ski** resorts in Bulgaria.
>
> *Existem bastante estações de esqui na Bulgária.*
>
> **A fair bit** of wine is made in Rio Grande do Sul.
>
> *Bastante vinho é produzido no RS.*

♦ **Not (that) many/much** (*Não muitos/muito*). Usado como em português, ou seja, uma maneira indireta de dizer '*pouco(s)*'. Mais uma vez, a pronúncia pode causar dificuldade, especialmente porque o 't' no final de 'not' e 'that' podem ser engolidos (veja página 60).

> **Not that many** people like oysters.
>
> *Não são muitas as pessoas que gostam de ostras.*
>
> She **didn't** drink **that much** last night.
>
> *Ela não bebeu tanto assim ontem à noite.*

MUITO/MUITOS (+ADJETIVO/ADVÉRBIO)

♦ **Very, really.*** Essas palavras não apresentam muita dificuldade de compreensão, a menos que às vezes sejam repetidas duas ou mais vezes para dar ainda mais ênfase. A pronúncia da primeira pode ficar parecida com /**véi véi**/:

> She's **very**, **very** thin, and **really**, **really**, tall.
>
> *Ela é muito, muito magra e muito, muito alta.*

♦ **Extremely, incredibly, unbelievably** etc. Outras maneiras comuns de intensificar a palavra que vem depois, muitas vezes com bastante ênfase na palavra:

> He's **extremely** rich and **incredibly** good-looking, poor guy.
>
> *Ele é extremamente rico e incrivelmente bonito, coitado.*

---

* Também é comum, principalmente em inglês americano, usar '**real**' no lugar de 'really': She's **real** tall and real thin. *Ela é bem alta e bem magra.*

Quando o adjetivo depois é muito forte (por exemplo, '*enorme*' ou '*exausto*'), a palavra usada com mais frequência para intensificar é '**absolutely**':

> We were **absolutely** exhausted and **absolutely** starving.
>
> *Estávamos completamente exaustos e mortos de fome.*

♦ **So, such.** Ambas com a tradução de '*tão*', porém:

- 'so' é usada com adjetivos → His house is **so** big.

- 'such' quando há um substantivo → He has **such** a big house.

Tome cuidado com a combinação dos sons de 'such' e 'a' = /**satchã**/:

> He's **such a** good player, but he's **so** cocky.
>
> *É um jogador tão bom, mas é tão arrogante.*

MUITOS (+ QUANTIDADE)

♦ **A lot (of)/ lots (of), loads (of).** Nas conversas típicas, essas palavras são muito mais comuns do que 'many' ou 'much'. As três podem ser usadas com substantivos contáveis e incontáveis, mas a última é mais informal e tem o sentido aproximado de '*um monte de*'. Preste bem atenção na pronúncia = /**ãlódã**/, /**lótsã**/ e /**loudzã**/, respectivamente:

> There's **lots of** stuff to clean, but we've got **loads of** time.
>
> *Há muitas coisas para limpar, mas temos muito tempo.*
>
> **A lot of** people eat **loads of** junk-food.
>
> *Muitas pessoas comem um monte de porcaria.*

Outra expressão bem comum para dizer '*um monte*', principalmente em inglês americano, é '**a (whole) bunch (of)**':

> I got **a bunch of** games and **a whole bunch of** candy for the kids.
>
> *Tenho um monte de jogos e um montão de doces para as crianças.*

Além disso, há uma variedade de palavras menos comuns: **thousands/millions** (*milhares/milhões*), **tonnes** (*toneladas*), **masses** (*massas*), **stacks/heaps*/piles** (*pilhas*):

> I have **masses of** work to do; **millions of** boring reports!
>
> *Tenho um monte de trabalho a fazer; milhões de relatórios chatos.*
>
> He gives me **tons of** presents and sends me **stacks of** cards, but it won't work!
>
> *Ele me dá muitos presentes e me manda um monte de cartas, mas não vai dar certo!*

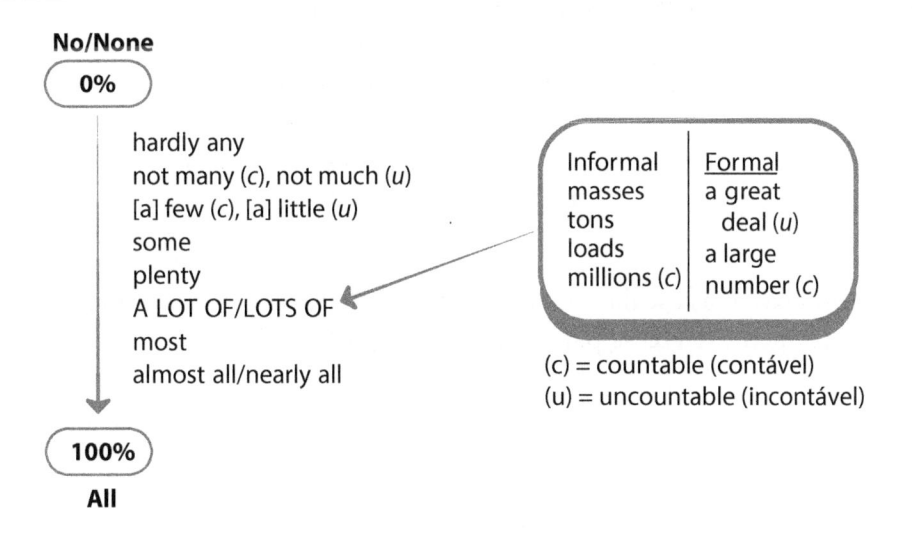

No/None

0%

hardly any
not many (*c*), not much (*u*)
[a] few (*c*), [a] little (*u*)
some
plenty
A LOT OF/LOTS OF
most
almost all/nearly all

Informal	Formal
masses	a great
tons	deal (*u*)
loads	a large
millions (*c*)	number (*c*)

(*c*) = countable (contável)
(*u*) = uncountable (incontável)

100%

All

ADJETIVOS FORTES

Como na maioria dos idiomas, existem em inglês alguns adjetivos bem fortes, geralmente falados com a pronúncia prolongada para refletir emoções de experiências. Resumindo:

- ♦ POSITIVO: **great/fantastic** (*muito bom, fantástico*), **amazing** (*muito bom ou muito surpreendente*), **brilliant/awesome** (*legal, bacana*), **incredible/unbelievable** (*incrível, inacreditável*), **gorgeous** (*muito bonito/a*).

- ♦ NEGATIVO: **terrible/awful** (*péssimo*), **crap** (*uma bosta*), **rubbish** (*um lixo*) **disgusting/revolting/repulsive** (*nojento*).

---

* '**Heaps**' é especialmente comum na Austrália e na Nova Zelândia: Bruce drank **heaps of** 'tinnies' at the barbie. *O Bruce tomou um monte de latas de cerveja no churrasco.*

- ◆ **TAMANHO: enormous/huge/massive/vast** (*enorme, vasto*), **tiny, minute** (*muito pequeno, minúsculo*), além de combinações ainda mais fortes como: '***huge great***', '***tiny little***', '***incredibly vast***' etc.

- ◆ **OUTROS: hilarious/hysterical** (*muito engraçado*), **freezing** (*muito frio*), **boiling** (*muito quente*), **filthy** (*imundo*), **starving** (*com muita fome*), **fascinating** (*muito interessante*), **exhausted** (*exausto*), **fucked** (*acabado, fodido*).

> Justin Timberlake is, like, **gorgeous** and, you know... **so cool**... I mean, his songs are **just amazing!**
>
> *Justin Timberlake é, assim, um gato e sabe... tão legal... quer dizer, as músicas dele são demais!*
>
> When my boys get home from school, they're **filthy, starving** and **exhausted**.
>
> *Quando os meus meninos voltam da escola, estão imundos, mortos de fome e exaustos.*

Veja abaixo duas escalas que representam diferentes graus de magnitude, a primeira refere-se para 'small', e a segunda para 'big':

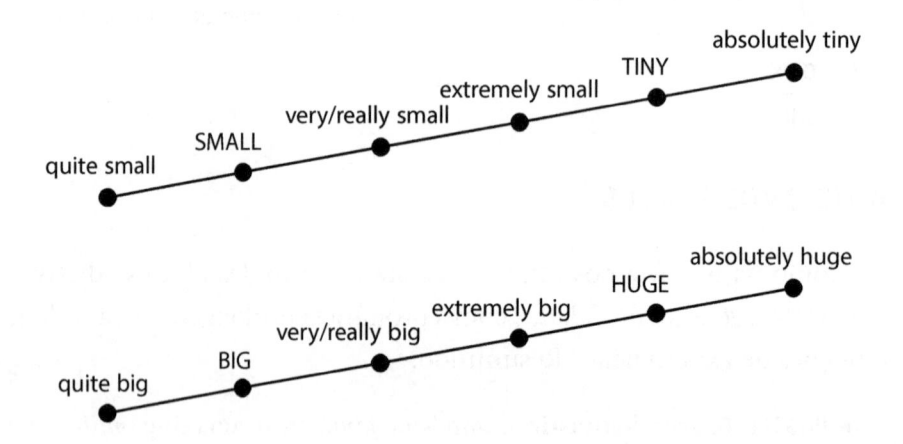

Exercício 5

QUANTIDADE E QUALIDADE

Escute as seis frases a primeira vez e decida quais incluem expressões para '*muito/muitos (M)*' e quais incluem expressões para '*pouco/poucos (P)*'.

1..........   2..........   3..........   4..........   5..........   6..........

Escute as frases novamente e anote as duas expressões usadas em cada frase.

1. ....

2. ....

3. ....

4. ....

5. ....

6. ....

Confira as frases na página 206, escute novamente e repita em voz alta.

Finalmente, volte para aquele texto na página 100 e escute como melhorou sua compreensão!

FRASES DO DIA A DIA COM MUDANÇAS DE PRONÚNCIA

Além de muitas letras de músicas serem escritas em um estilo fonético (como *d'ya wanna dance?* = **Do you want to dance?**), muitos filmes também enfrentam a dificuldade de representar melhor a pronúncia das palavras faladas nas legendas. O resultado são diálogos como o seguinte exemplo do filme *A Casa Caiu* (Bringing down the house). Basta observar um pequeno fragmento das legendas de uma cena para perceber o tipo de frases comuns que gostaria de resumir e por que é tão importante entendê-las:

W: *I gotta* (I've got to) run.
C: Hey, if you meant what you just said, it's not *gonna* (**going to**) be an easy job.
W: I know it *ain't* (**isn't**).
C: I just *gotta* (**got to**) know that if things get rough, you're not *gonna* run out on me.
W: I *bin waitin* (**been waiting**) 4 years for this... *I ain't gonna* (**I'm not going to**) mess up.

Portanto, neste capítulo, gostaria de apresentar um resumo das estruturas e combinações de palavras que podem apresentar dificuldades de compreensão, mas, desta vez, de acordo com as mudanças de pronúncia em conversas rápidas. A transcrição fonética pode ser usada como um guia, mas o importante é escutar várias vezes os exemplos no áudio e vídeo que acompanham este livro.

Existem algumas diferenças de pronúncia entre o inglês britânico e o inglês americano – principalmente porque o som de 't' no meio de uma palavra tem a pronúncia de 'd' no sotaque americano (veja página 171) – por isso são marcadas com os símbolos GB e US, respectivamente.

Observação: Em todos os exemplos a seguir, somente a *estrutura principal* está na forma fonética (por exemplo, na primeira frase a seguir 'going to' = **gãnã**) e o resto está na forma escrita, mesmo que apresente outras mudanças de pronúncia.

 **Escute todos os exemplos deste capítulo no material de áudio.**

♦ **gãnã** = going to (+ verb)

> We're **gãnã** see a movie, then we're gãnã eat. You **gãnã** come?
>
> *Vamos assistir a um filme, depois vamos comer. Você vai vir?*

- **/m gãnã/** = I'm going to

> When I get home, **m gãnã** have a bath.
>
> *Quando chegar em casa, vou tomar banho.*

- **/iã gãnã/** = You're going to

> **iã gãnã** lose that girl.
>
> *Você vai perder aquela menina.*

- **/iiz gãnã/** = He's going to

> I don't think **iiz gãnã** win the race.
>
> *Não acho que ele ganhará a corrida.*

(!) Quando se usa a expressão 'going to' seguida por *um lugar*, a pronúncia de 'going' é normal = **/gouing/**, embora a preposição possa ser reduzida para /tã/:

> **A:** Are you **gouing tã** school today? **B:** Are you crazy? I'm **gouing tã** the mall.
>
> *A: Você vai para o colégio hoje? B: Tá louco? Vou ao shopping.*

- **/uonã/** = want to *ou* want a

> I really **uonã** go home. Do you **uonã** lift?
>
> *Quero muito ir para casa. Você quer uma carona?*
>
> Do you **uonã** hand, or do you **uonã** do it by yourself?
>
> *Você quer uma mãozinha, ou quer fazer isso sozinho?*

- **/gódã/** = have got to *ou* have got a

> I **gódã** study because I **gódã** test tomorrow.
>
> *Preciso estudar porque tenho prova amanhã.*

- **/ráftã/** = have to

> We **ráftã** design the product and then we **ráftã** market it.
>
> *Nós temos que projetar o produto e depois temos que fazer o marketing.*

- **/rástã/** = has to

> The client **rástã** approve the campaign and **rástã** pay for it!
>
> *O cliente tem que aprovar a campanha e tem que pagar por ela!*

- **/guími/** = give me

> **guími** all your money and don't **guími** any trouble!
>
> *Me dá todo o seu dinheiro e não me cause nenhum problema!*

- **/lémi/** = let me

> **lémi** try it... Ok, at least **lémi** have a look.
>
> *Me deixe experimentar... Tá bom, me deixe ver pelo menos.*

- **/lés/** = let's

> **lés** get out of here and **lés** go back to my place.
>
> *Vamos sair daqui e vamos para a minha casa.*

- **/guétã/ GB** ou **/guédã/ US** = get a

> Hold on a sec, I'll **guédã** pen.
>
> *Esperaí, vou pegar uma caneta.*
>
> You better **guétã** better car.
>
> *Você deveria comprar um carro melhor.*

- **/uótã/ GB** ou **/uódã/ US** = what a

> **uotã** mess and **uodã** terrible smell!
>
> *Que bagunça e que cheiro horrível!*

- **/ãlótã/ GB** ou **/ãlódã/ US** = a lot of

> There were **ãlódã** Brits, who of course drank **ãlódã** beer.
>
> *Havia muitos britânicos, os quais, é claro, tomaram muita cerveja.*

- **/a(bi)/** = I'll (be)

> **abi** back in a minute.
>
> *Já volto.*
>
> **abi** leaving tomorrow.
>
> *Vou embora amanhã.*
>
> **abi** off now.
>
> *Vou indo então.*
>
> **abi** in touch.
>
> *Entrarei em contato.*

- **/bin/** = been

> Have you ever **bin** to Oktoberfest? No, I've never **bin** to Munich.
>
> *Você já foi para Oktoberfest? Não, eu nunca estive em Munique.*

- **/iãbédã/** = you('d) better   **/abédã/** = I('d) better

> **A: abédã** be off. **B:** Well, **iãbédã** take a cab then.
>
> *A: Melhor eu ir. B: Bem, melhor você pegar um táxi, então.*

- **/kudã(v)/** = could have   **/wudã(v)/** = would have   **/chudã(v)/** = should have   **/mastã(v)/** = must have   **/maitã(v)/** = might have

> He **chudã** locked it, but he **mastã** left it open. Or someone **maitã** forced it.
>
> *Ele deveria ter trancado, mas deve ter deixado aberto. Ou pode ser que alguém tenha forçado.*

> If I'd known you were home, I **wudã** called, then you **kudãv** come with us.
>
> *Se eu soubesse que você estava em casa, teria ligado, daí você poderia ter ido com a gente.*

- /**ts**/ ou /**s**/ = it's   /**snót**/ = it's not   /**tsin**/ ou /**sin**/ = it's in   /**spróbãbli**/ = it's probably etc.

> **sin** the kitchen, but forget it, **sbroukãn!***
>
> *Está na cozinha, mas esquece, tá quebrado!*
>
> **A:** Cool TV! Knowing you, **sróbãbli** stolen. **B: Snót!** I found it!
>
> *A: Que TV legal! Conhecendo você, provavelmente é roubada. B: Não é! Achei!*

- /**kei**/ = ok

> **kei**, I'd like to begin by asking your names, **kei**?
>
> *Tá bom, gostaria de começar perguntando os seus nomes, ok?*

- /**in**/ = …ing

> You've got to be **kiddin**! They were **drinkin** and **smokin** weed!
>
> *Você deve estar brincando! Estavam bebendo e fumando maconha!*

- /(**p**)**kãz**/ = because

> **A:** Are you dumping me **kãz** I was late? **B:** No, **pkãz** you're always late!
>
> *A: Você está me largando porque atrasei? B: Não, porque você sempre atrasa!*

- /(**v**)**kors**/ = of course

> **kors** he always eats our food, but **vkors** he never buys any!
>
> *Claro, ele sempre come nossa comida, mas, é claro, ele nunca compra nada!*

---

* Há uma tendência de juntar o /s/ que representa 'it's' com a palavra que vem em seguida, então /**sblu**/ = it's blue, /**sreining**/ = it's raining, /**staim tãgou**/ = it's time to go.

FRASES DO DIA A DIA COM MUDANÇAS DE PRONÚNCIA

- **/baut/** = about

> I guess he's **baut** 40, **baut** 5'8".
>
> *Acho que ele tem uns 40 anos, 1,72m mais ou menos.*

- **/zuél(ãz)/** = as well (as)

> **zuélaz** working full-time, Carlos also studies at university in the evenings.
>
> *Além de trabalhar em tempo integral, Carlos faz faculdade à noite.*
>
> Paul has a house in Rio **zuél**.
>
> *O Paul tem uma casa no Rio também.*

- **/frinstãns/** = for instance

> She's so generous. **frinstãns**, last week she paid for everybody's lunch.
>
> *Ela é tão generosa. Por exemplo, na semana passada pagou o almoço de todo mundo.*

- **/aktchãli/** = actually

> I work as a waiter, but **aktchãli** I want to be an actor.
>
> *Trabalho como garçom, mas, na verdade, quero ser ator.*

- **/p(r)aps/** = perhaps

> **Praps** she's coming, **paps** not.
>
> *Talvez ela venha, talvez não.*

- **/rarfãnauã/** GB ou **/rááfãnauã/** US = half an hour

- **/ãnaurãnã rarf/** GB ou **/ãnaurãnã rááf/** US = an hour and a half

> They said they'd be here in **rááfãnauã**, but it's already been **ãnaurãnã rááf**.
>
> *Disseram que chegariam em meia hora, mas já faz uma hora e meia.*

- **/télim/** = tell him   **/télã/** = tell her

> If I **télim** the truth, he'll **télã** everything straight away.
>
> *Se eu lhe contar a verdade, ele vai contar tudo para ela na hora.*

- /aláskã/ = I'll ask her /aláskim/ = I'll ask him

> Is she from Alaska? I don't know, **alaskã**!
>
> *Ela é do Alasca? Não sei, vou perguntar a ela!*

- /gótchã/ = got you

> Stop struggling! Ha! **gótchã**!
>
> *Pare de mexer! Ah, te peguei!*

Exercício 1

MUDANÇAS DE PRONÚNCIA: POSITIVO (1)

Leia o diálogo entre dois amigos em um restaurante e escreva a forma completa de todas as partes em negrito:

Exemplo: I **gódã** go home = *I've got to go home*

A: I'm **gãnã** have a steak and a salad. What about you? ....

B: I don't know. **lémi** see the menu. ....

A: **kei**, here you go. But hurry up, I **gódã** eat **sampn** soon. ....
....

Waiter: **iã** ready to order? ....

B: Mm, just **guími** a couple of minutes. ....

A: Hey, they have **loudzã** salads too. ....

B: Then **lés** share a mixed salad, **kãz** they're really big. ....
....

A: Sure. And **abédã** order some fries, too. ....
....

B: Sérgio: **kors**, I'm starving. ....

Steve: Eu vou comer um bife com salada. E você?

Sérgio: Não sei, deixa eu ver o cardápio.

Steve: Tá bom, aqui está. Mas não demora, preciso comer alguma coisa logo.

Garçom: Vocês estão prontos para pedir?

Sérgio: Mm, só preciso de mais uns dois minutinhos.

Steve: Olhe, tem um monte de saladas também.

Sérgio: Então, vamos rachar uma salada mista, porque elas são bem grandes.

Steve: Tá legal. É melhor eu pedir batata frita também.

Sérgio: Claro, estou morrendo de fome.

Agora, escute o diálogo prestando atenção na pronúncia das partes em negrito.

Exercício 2

MUDANÇAS DE PRONÚNCIA: POSITIVO (2)

Leia e escute as frases a seguir, e escreva as partes em negrito na forma fonética (como você ouve). Procure as expressões nas páginas anteriores se for necessário:

Exemplo: He's **about** 25 = /(ã)baut/

1. **As well as** the money, they stole **quite a lot** of jewelry too.
   Além do dinheiro, roubaram bastante joias também.

   ....

2. **Tell her** that **actually** it takes **about half an hour.**
   Fale para ela que, na verdade, leva mais ou menos uma meia hora.

   ....

3. You **could have** given him the map, then he **would have** known the way.
   Você poderia ter dado o mapa, daí ele teria entendido como chegar lá.

   ....

4. **It's probably** in the kitchen or **perhaps** it's in Jan's room. I'll **ask her.**
   Provavelmente está na cozinha ou talvez esteja no quarto da Jan. Vou perguntar a ela.

   ....

5. **What a** terrible performance! She **has to** rehearse more, **especially** her singing!
   Que péssima performance! Ela precisa ensaiar mais, principalmente para cantar.

   ....

INTERROGATIVO

Segundo as pesquisas, nossas perguntas vão incluir '**you**' mais do que qualquer outra palavra. Além de já apresentar uma pronúncia reduzida para /**iã**/ em conversas naturais (página 36), combina com uma variedade de outras palavras, resultando em mudanças significativas de pronúncia. Vou começar com as combinações de 'you' com **verbos auxiliares** (*do, have, did* etc.) e, depois, acrescentar as combinações com **palavras interrogativas** (*what, where, how* etc.):

♦ /**diã**/ *ou* /**dãiã**/ = do you? + **verbo**

diã have the time? **dãiã** know when it arrives?	*Você tem horas? Sabe quando ele chega?*
dãiã think that's the best thing to do?	*Você acha isso a melhor coisa a fazer?*
dã have to work tomorrow?	*Você tem que trabalhar amanhã?*
dãiã need anything before you start?	*Você precisa de alguma coisa antes de começar?*

♦ **/(ã)iã/** = are you? + **verbo com 'ing'** (especialmente **/gãnã/** = going to)

iã tired?	*Tá cansado?*
ãiã hungry?	*Tá com fome?*
ãiã still at work?	*Ainda tá no serviço?*
ãiã lost?	*Está perdido?*
ãiã coming to the party or **iã gãnã** stay home?	*Você vai à festa ou vai ficar em casa?*
iã feeling ok? **ãiã gãnã** be sick?	*Tá se sentindo bem? Vai vomitar?*

♦ **/viã (gót)/** = have you (got)?   **/gótã/ GB** *ou* **/gódã/ US** = got to/a

viã gót any money?	*Você tem dinheiro?*
viã gódã light?	*Você tem fogo?*
viã gó the time please?	*Você tem horas, por favor?*
viã gódã pick her up?	*Você tem que buscá-la?*
viã gótã stay overnight?	*Você precisa ficar uma noite?*

♦ **/didjã/** = did you?

didjã go out?	*Você saiu?*
didjã have a good time?	*Você se divertiu?*
didjã get off with anyone?	*Você ficou com alguém?*

♦ **/kãniã/** = can you?

kãniã do me a favor?	*Pode me fazer um favor?*
kãniã take the lasagna out of the freezer?	*Pode tirar a lasanha do freezer?*

♦ **/kãdjã/** = could you?

kãdjã ask him to sign the contract and then **kãdjã** send it to us?
Você poderia pedir para ele assinar o contrato e depois mandar para nós?

♦ /wudjã/ = would you?

> **wudjã** carry on working if you won the lottery, or **wudjã** retire?
>
> *Você continuaria trabalhando se ganhasse na loteria ou você se aposentaria?*

♦ /uotchã/ ou /uodãiã/ = what do you...? *ou* what are you...?

uodãiã do?	*O que faz?*
uodãiã watching?	*O que está assistindo?*
uotchã uónã do?	*O que quer fazer?*
uodãiã mean?	*O que você quer dizer?*
uodãiã doing tonight?	*O que vai fazer hoje à noite?*
uotchã looking at?	*O que tá olhando?*
Well, **uodãiã** know! We found you. **uodãiã** gonna do now, wiseguy?	
Bem, quem diria! Te encontramos. O que vai fazer agora, espertinho?	

♦ /uéãiã/ = where are you (+ verbo)?

uéãiã staying?	*Onde você está hospedado?*
uéãiã gãnã get the cash?	*Onde vai conseguir a grana?*
= where are your (+ substantivo)?	
uéãiã pants?	*Onde está a sua calça?*
uéãiã parents?	*Onde estão os seus pais?*

♦ /uédjã/ = where do you? *ou* where did you?

uédjã work?	*Onde você trabalha?*
uédjã live?	*Onde você mora?*
uédjã go?	*Aonde você foi?*
uédjã have dinner?	*Onde você jantou?*

♦ **/rauãiã/** = how are you (+ verbo com 'ing')?

> **rauãiã** thinking of getting back?
>
> *Como está pensando em voltar?*

♦ **/raudjã/** = how do you? *ou* how did you?

raudjã get to school?	*Como você vai para a escola?*
raudjã know? **raudjã** find out?	*Como você sabia? Como você descobriu?*

♦ **/ruudjã/** = who do you? *ou* who did you?

rudjã like most?	*De quem você gosta mais?*
rudjã go with, and **rudjã** come back with?	*Com quem você foi, e com quem você voltou?*

♦ **/viévã/** ou **/iuévã/** = have you ever?

> **iuévã** seen a dolphin? **viévã** swum with one?
>
> *Já viu um golfinho? Já nadou com um?*

♦ **/viévã bintã/** = have you ever been to...?

> **viévã bintã** Paris? **viévã bintã** the Eiffel Tower?
>
> *Já esteve em Paris? Já foi à Torre Eiffel?*

♦ **/zii/** = is he?

> **zii** your friend or **zii** your boyfriend?
>
> *Ele é seu amigo ou seu namorado?*

Também em combinações com perguntas, como:

♦ **/uotzii/** = what's he...?   **/uézii/** = where's he...?   **/rauzii/** = how's he...?
/ruuzii/ = who's he...?   **/uaizii/** = why's he..?

---

uátzi doing and **uaizi** taking so long? **ruuzi** talking to?

O que ele está fazendo e por que está demorando tanto? Com quem ele está falando?

♦ **/dãzii/** = does he?

---

dãzii want to come with us? **dãzii** have a car?

Ele quer vir conosco? Ele tem carro?

What **dãzii** do? How much **dãzii** earn?

O que ele faz? Quanto ele ganha?

♦ **/chi/** = is she?

---

chi by herself? **chi** lonely?

Ela está sozinha. Ela está se sentindo só?

♦ **/dãchi/** = does she?

---

dãchi eat fish? **dãchi** like sushi?

Ela come peixe? Ela gosta de sushi?

♦ **/rachi/** = has she?

---

rachi got a driver's license? **rachi** ever driven on the left?

Ela tem carteira de motorista? Ela já dirigiu no lado esquerdo?

♦ **/zit/** = is it?

---

zit ready yet?   *Já está pronto?*

zit your birthday?   *É o seu aniversário?*

FRASES DO DIA A DIA COM MUDANÇAS DE PRONÚNCIA

> **zit** time for the film? *Está na hora do filme?*
>
> **zit** working? *Está funcionando?*

♦ /dãzit/ = does it?

> **dãzit** have airbags? **dãzit** come with a satnav?
>
> *Tem airbag? Vem com satnav?*

♦ /(ã)mai/ = am I?

> **ãmai** late? **mai** the only one?
>
> *Estou atrasado? Só eu?*

♦ /chlai/ = shall I?

> **chlai** explain it again or **chlai** draw a diagram?
>
> *Quer que eu explique mais uma vez, ou quer que desenhe um diagrama?*

♦ /chwii/ = shall we?

> **chwii** cook, or **chwii** order some takeout?
>
> *Vamos cozinhar, ou vamos pedir comida?*

♦ /uo(t)sã/ = what's the?

> **uosã** time? *Que horas são?*
>
> **uotsã** matter? *Qual é o problema?*
>
> **uosã** capital of Canada? *Qual é a capital do Canadá?*

♦ /raubau(t)/ = how about?   /uodãbau(t)/ = what about?

> **raubaut** playing a game? *Que tal jogar algo?*
>
> **uodãbau** backgammon? *Que tal gamão?*

♦ **/uofó(r)/** = what for? Como pergunta curta: *Por quê? Por qual motivo?*

> **A**: I sold my car? **B: uofó**?
>
> *A: Vendi o meu carro? B: Por quê?*

♦ **/uokainã/** = what kind of?

> **uokainã** music do you like?
>
> *De que tipo de música você gosta?*

♦ **/uotaipã/** = what type of?

> **uotaipã** food do they serve?
>
> *Que tipo de comida eles servem?*

♦ **/uotsorda/** = what sort of?

> **uotsorda** writer is she?
>
> *Que tipo de escritora ela é?*

Exercício 3

MUDANÇAS DE PRONÚNCIA: INTERROGATIVO

Escute as perguntas no áudio e escreva uma resposta apropriada nas lacunas.

É importante lembrar que estes exemplos vêm isolados e sem o contexto, portanto fica mais difícil ativar as suas expectativas de compreensão. Porém, os exemplos representam perguntas bastante comuns e você pode aproveitar para se acostumar à pronúncia em conversas rápidas:

1. ....

2. ....

3. ....

4. ....

5. ....

6. ....

7. ....

8. ....

9. ....

10. ....

Agora, leia as perguntas e respostas possíveis na página 207. Confira suas respostas, depois escute o áudio novamente e fale as respostas em voz alta.

NEGATIVO

♦ **/eint/**[*] = ain't. Um negativo de uso geral (isn't/aren't/haven't/'m not).

> If she **eint** coming, I **eint** cooking!
>
> *Se ela não vier, não vou cozinhar!*
>
> You **eint** nothing but a hounddog... you **eint** never caught a rabbit, and you **eint** no friend of mine (música do Elvis, para a qual realmente não há tradução!)

♦ **/snót/**[**] = it's not

> **Snót** raining and **snót** that cold!
>
> *Não está chovendo e não está tão frio!*

---

[*] Uma forma (incorreta) bem informal, mas usada em vários dialetos de inglês. Outra forma comum, também errada, é o uso de '**don't**' para a terceira pessoa (he, she, it), como, por exemplo, na música de Zayn Malik: 'She **don't** love me'.

[**] Uma piada comum de criança brinca com a similaridade desta pronúncia com a palavra 'snot', que, em inglês britânico, significa *'meleca'*: A: It's broken B: **Snot** A: Eww!

♦ /tizãnt/ = it isn't

> **tizãnt** my fault **tizãnt** here.
>
> *Não é minha culpa que não esteja aqui.*

♦ /idazãn(t)/ = he doesn't

> **idazãnt** want to go because **idazãnt** have a dinner jacket.
>
> *Ele não quer ir porque não tem smoking.*

♦ /dãnou/ = don't know

> I **dãnou** where she is and I **dãnou** when she's coming back.
>
> *Não sei onde ela está e não sei quando ela vai voltar.*

♦ /thérizãnéni/ = there isn't any

> **thérizãnéni** flour and **thérizãnéni** butter, so how can we make a cake?
>
> *Não tem farinha e não tem manteiga, então como podemos fazer um bolo?*

♦ /dountchã/ = don't you?

> **dountchã** wish your girlfriend was hot like me? (música de Pussycat Dolls)
>
> *Você não gostaria que sua namorada fosse gostosa como eu?*

♦ /káántchã/ US ou /karntchá/ GB = can't you?

> You can cook, **káántchã**? Why **káántchã** make dinner then?
>
> *Você sabe cozinhar, não sabe? Por que não pode preparar o jantar, então?*

♦ /uountchã/ = won't you?

> You will call me later, **uountchã**?
>
> *Você vai me ligar mais tarde, não vai?*

♦ **/iznit/** = isn't it?

> Beautiful day, **iznit**? Cold, though, **iznit?**
>
> *Está um dia lindo, né? Mas tá frio, né?*

♦ **/einit/** = ain't it? (informal)

> **einit** funny? **einit** just hilarious?
>
> *Não é engraçado? Não é hilário?*

♦ **/uoznit/** = wasn't it?

> That was amazing, **uoznit**?
>
> *Foi muito legal, não foi?*

♦ **/iznii/** = isn't he?

> He's a nice guy, **iznii**? Good-looking, **iznii**?
>
> *Ele é um cara legal, né? Bonito, não é?*

♦ **/daznii/** = doesn't he?

> He loves you, **daznii**? So why **daznii** marry you?
>
> *Ele ama você, né? Então, por que ele não se casa com você?*

♦ **/didnii/** = didn't he?

> Well, he bought me a ring, **didnii**?
>
> *Bem, ele me comprou uma aliança, não comprou?*

♦ **/raznii/** = hasn't he?

> But he's been engaged three times before, **raznii**?
>
> *Ele já foi noivo três vezes, não foi?*

♦ **/razãnchi/** = hasn't she?

> Yes, but his mother has always hated his fiancées, **razãnchi**?
>
> *Sim, mas a mãe sempre odiou as noivas dele, né?*

♦ **/chudãnã/** = shouldn't have

> They **chudãnã** got married and they **chudãnã** had a baby.
>
> *Eles não deveriam ter casado e não deveriam ter tido um bebê.*

♦ **/wudãnã/** = wouldn't have

> If I hadn't been injured, he **wudãnã** won.
>
> *Se eu não estivesse machucado, ele não teria ganhado.*

♦ **/kudãnã/** = couldn't have

> He **kudãnã** killed her, he has an alibi.
>
> *Ele não pode ter matado ela, ele tem álibi.*

♦ **/karntã(v) / GB , /kénã(v) / US** = can't have

> He **kanã** got the message.
>
> *Ele não deve ter recebido a mensagem.*

♦ **/maitnotã(v)/** = might not have

> He **maitnotã** known what to do.
>
> *De repente, ele não sabia o que fazer.*

Exercício 4

MUDANÇAS DE PRONÚNCIA: NEGATIVO

Escute as frases e escreva a forma positiva da parte em negrito:

Exemplo: I **dãnou** (I don't know) where it is ≠ *I know where it is.*

1. **tizãnt** my fault **idazãnt** have a ticket. ....
   Não é minha culpa que ele não tenha ingresso.

2. They **chudãnã** paid before delivery. ....
   Eles não deveriam ter pagado antes da entrega.

3. **thérizãnéni** Coke left.
   Não tem mais Coca. ....

4. **daznii** let you go out alone?
   Ele não te deixa sair sozinha? ....

5. If I'd had an alarm, I **wudãnã bin** burgled..
   Se eu tivesse alarme, não teria sido roubado.

Exercício 5

MUDANÇAS DE PRONÚNCIA: TEXTO E DIÁLOGO

A. Escute o diálogo no áudio, um telefonema em que dois amigos combinam para ir ao cinema. Depois responda às perguntas sobre o diálogo:

1. Where is Anne when Charlie calls?
   Onde está Anne quando Charlie liga?

   ....

2. What does Charlie invite Anne to do?
   O Charlie está convidando a Anne para fazer o quê?

   ....

3. **Which two films does Anne find in the newspaper?**
   Quais são os dois filmes que Anne achou no jornal?

   ....

4. **Why does Charlie not want to see one of the films?**
   Por que o Charlie não quer ver um dos filmes?

   ....

B. Escute a história* no áudio e responda às perguntas. Trata-se de uma pessoa que teve uma grande surpresa quando foi passar as suas férias em Cingapura:

1. **How long had he been working in Hong Kong?**
   Quanto tempo ele trabalhou em Hong Kong?

   ....

2. **Why did he decide to go to Singapore before going back to England?**
   Por que ele resolveu ir para Cingapura antes de voltar para a Inglaterra?

   ....

3. **What were he and his friends doing on the beach?**
   O que ele e os seus amigos estavam fazendo na praia?

   ....

4. **What did he do when he met Ellie Goulding?**
   O que ele fez quando encontrou Ellie Goulding pela primeira vez?

   ....

5. **What did Ellie say to him when she heard herself singing?**
   O que Ellie disse quando ela se escutou cantando?

   ....

Leia o diálogo A e a história B e confira as respostas na página 208, depois escute tudo novamente.

---

* Baseado em um exercício do livro *English File*, publicado pela editora OUP.

SOTAQUES NO MUNDO DE INGLÊS

INGLÊS NO MUNDO ATUAL

N a verdade, não existe um inglês só, e sim uma grande variedade de sotaques, de acordo com variações de geografia, classe e grupo étnico. Portanto, é melhor pensar em termos de '*ingleses mundiais'*. Realmente não é possível falar em compreensão sem considerar as principais diferenças de pronúncia nos vários países onde se fala inglês.

Mas por que é preciso entender mais do que um sotaque, mais do que o inglês americano típico, por exemplo? Porque hoje em dia é bem provável que você encontre uma grande variedade de sotaques na mídia (os apresentadores da CNN, por exemplo), em comércio com o exterior (com outros países na América do Sul ou Europa, por exemplo) e até em filmes, séries de TV e músicas não produzidas na América do Norte. Às vezes, a influência enorme exercida pelas corporações e também pelo entretenimento americano pode dar a impressão de que o sotaque americano deve ser, por definição, o mais útil a aprender, mas a realidade é que a globalização do planeta aumenta cada vez mais a diversidade de sotaques que você vai precisar entender no mundo lá fora.

Quando você lembra que a grande maioria do inglês falado por não nativos é exatamente com *outros* não nativos, fica ainda mais significativo com quem você vai se comunicar nesse idioma e que tipo de inglês outros países costumam aprender. Além disso, existem várias partes do mundo onde é mais comum estudar inglês britânico,[*] como na maioria dos países europeus, árabes e africanos, além de muitas pessoas na China, na Rússia, na América do Sul e no Extremo Oriente também aprenderem o inglês britânico. Por tal motivo, vale a pena dedicar um pouco de tempo à prática da compreensão com diversos sotaques e a uma análise básica dos elementos de pronúncia que cada um produz.

Os exemplos a seguir se concentram nos pontos *principais* dos sotaques *mais comuns*, pois infelizmente não há espaço neste livro para uma análise mais profunda desse assunto. Dentro de cada país, principalmente na Grã-Bretanha, existem variações de pronúncia e vocabulário que podem mudar até de um vale a outro; então, restringi-me à seleção de alguns exemplos das variações regionais, com ênfase nos aspectos de pronúncia mais frequentes no dia a dia.

---

[*] Ou outros tipos de inglês, principalmente o irlandês, o australiano e o neozelandês, todos países onde o mercado de cursos de inglês já cresceu muito.

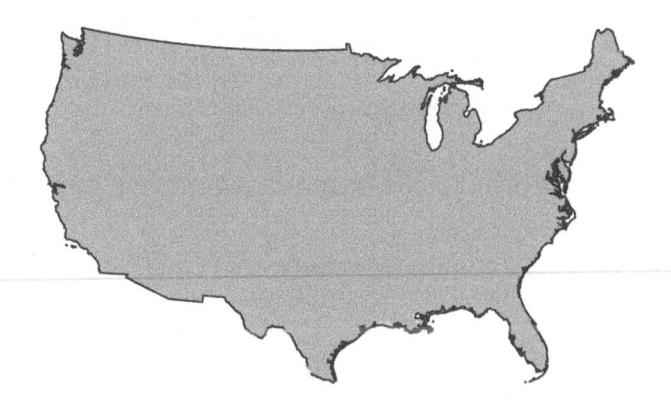

Apesar das diferenças regionais, em geral o sotaque considerado como padrão, o chamado '**GA – General American**' (*Americano Geral*),* é do Meio-Oeste e Oeste, incluindo aproximadamente 60% da população e 80% da área do país.

Existem três fatores principais que se destacam no sotaque típico do Tio Sam:

R

O que distingue mais o sotaque norte-americano é um 'r' bem carregado, que traz um pouco mais de vibração na área das amígdalas.. O equivalente mais próximo é o 'r' no interior do Brasil, como '*porrrta*' ou '*cortar a carrrne*', que, como o 'r' dos americanos, coloca mais ênfase no som de r depois de uma vogal, deixando a boca na posição redonda por mais tempo. Escute:

> The**re** w**ere four** m**ore** b**ir**ds this m**or**ning.
>
> *Havia mais quatro pássaros hoje de manhã.*
>
> The b**ar** is quite f**ar**, we need a c**ar**.
>
> *O bar é meio longe, precisamos de um carro.*

---

* É interessante observar que, apesar de ser considerada a pronúncia típica do país, apenas cinco dos últimos onze presidentes tiveram esse sotaque.

> **In the first year you learn a lot of words by heart.**
>
> *No primeiro ano, você decora muitas palavras.*
>
> **Are you sure this water is pure?**
>
> *Você tem certeza de que esta água é pura?*

Como se pode concluir pelos exemplos, o som de 'r' também aparece depois de muitas vogais (veja o resumo dos símbolos fonéticos na página 189). Escute os sons e os exemplos, primeiro com sotaque americano, depois britânico:

> /ɔː/ for   /ɜː/ girl   /aː/ party   /eə/ air   /aʊə/ our   /uə/ cure   /iə/ ear

Vogais Estendidas

Outra grande marca do sotaque americano é a duração das vogais, que fica cada vez mais exagerada mais para o Sul. Junto com o 'r' mais forte, tem-se a impressão de que o americano está sempre mastigando chiclete, uma imagem reforçada ainda mais quando a conversa é mais informal, mais largada. Escute mais exemplos:

> **The rock 'n roll bars in New York are so cool.**
>
> *Os bars de rock em Nova Iorque são muito legais.*
>
> **God bless America, the land of the free!**
>
> *Deus abençoe a América, a terra da liberdade!*
>
> **Los Angeles is really huge.**
>
> *Los Angeles é realmente enorme.*
>
> **All the balls we use are new.**
>
> *Todas as bolas que usamos são novas.*

T

Finalmente, os americanos normalmente falam qualquer 't' ou 'tt' quando há uma vogal de cada lado como se fosse *um 'd' bem suave*. Por exemplo, 'later' fica **/leidãr/**, 'total' fica **/toudãl/** e 'better' fica **/bédãr/**:

> Don't get any butter on the letter.
>
> *Não suje a carta de manteiga.*
>
> The heater will get hotter if you wait a minute.
>
> *O aquecedor vai esquentar se você esperar um minuto.*
>
> It doesn't matter if Peter is a waiter or a writer.
>
> *Não importa se o Peter é garçom ou escritor.*

Às vezes, pode ser que o 't' de uma palavra venha antes de uma vogal na próxima palavra, principalmente com preposições ou o pronome '**it**', por exemplo:

forget it /fãgedit/	shut **u**p /shadap/	get in /gedin/	put **o**n /pudon/
wait **a** minute /ueidãminit/	pick it **u**p /pikidap/	turn it **o**ver /ternidouvã/	

> Pick **it** up and put **it** on!
>
> *Pegue e coloque isso aí!*

Os americanos também têm uma tendência a cortar o som de /t/ depois de um 'n'. Por exemplo: '**winter**' (*inverno*) fica quase igual a '**winner**' (*ganhador*):

> We found a car **rental** place in the **center** of Berlin.
>
> *Achamos um lugar para alugar um carro no centro de Berlim.*

CANADÁ

Mesmo que eles não gostem de admitir, o sotaque de Mike Myers ou do Ryan Reynolds é bem parecido com o sotaque americano, mas é geralmente um pouco mais suave, com menos extensão nas vogais. Mais especificamente, observam-se as seguintes características típicas:

♦ A pronúncia de /**au**/ quase como /**ôu**/; 'about' /ãbaut/ fica parecida com 'a boat' /**ãbôut**/, e 'out' /out/ rima com 'goat' /**gôut**/:

> Without a doubt, he's gone out.
>
> *Sem dúvida, ele saiu de casa.*

♦ O som de /ɒ/ (como no meio de 'hot', por exemplo) recebe um pequeno 'r' no final:

| hot /**hort**/ | sorry /**sori**/ | a lot /**ã lort**/ |

♦ A pronúncia bem curta do som /**ei**/, mais como /**ê**/

> She's waiting for the players to say hi.
>
> *Ela está esperando os jogadores para dar um oi.*

♦ Uma entonação que sobe em frases positivas, às vezes seguida por uma palavrinha, '**eh?**' /ei/ (*né?*). Mais do que qualquer outra coisa, os americanos acham que essa é a marca dos canadenses.

> Reckon it's about time to stop shouting, **eh?**
>
> *Acho que está na hora de parar de gritar, né?*

O SUL DOS ESTADOS UNIDOS

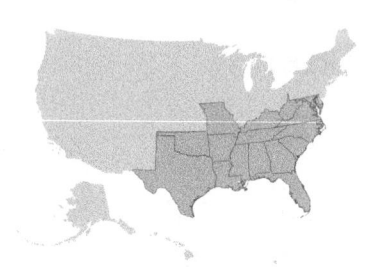

O sotaque mais ou menos de Matthew McConaughey, Reese Witherspoon e Bill Clinton, marcado pelas seguintes características:

♦ Um ritmo meio devagar, com uma extensão prolongada de algumas vogais, às vezes chamado de 'Southern drawl' (*Pronúncia lenta do Sul*), exatamente porque os sons mais marcantes são o /aww/ em palavras como 'all' /**aaal**/, 'ball' /**baaal**/ e 'tall' /**taaal**/ e o /a/ em palavras como 'last' /**láást**/, 'dance' /**dááns**/ e 'ask' /**áásk**/:

> I'm going to **ask y'all** for the last time... you want to dance or what?
>
> *Eu vou perguntar pela última vez... você quer dançar ou não?*

♦ A pronúncia de /**e**/ como /**i**/, deixando quase iguais palavras como 'pin' e 'pen', 'git' e 'get' ou 'since', 'sense' e 'cents':

> General Medford sent his best men.
>
> *O general Medford mandou seus melhores homens.*

Por outro lado, o som de /**ai**/ fica mais parecido com um /**a**/ estendido, por exemplo, 'time' como /**taam**/ e 'behind' como /**bihaand**/.

> Can you **buy** some white w**i**ne and a slice of p**ie**?
>
> *Pode comprar vinho branco e uma fatia de torta?*

Além disso, existem algumas palavras ou frases associadas ao Sul, por exemplo, '**y'all**' (you all) para '*você(s)*', '**ma'am**' (madam) para '*senhora*', **PO**lis para po**LICE**, e '**yella**' para yellow.

NEW YORK/NEW JERSEY

Existem diversas pronúncias especificamente relacionadas às pessoas da *Big Apple*, entre outras:

♦ A pronúncia do som /**ɜ:**/ como /**oi**/, por exemplo, a palavra 'girl' fica /**goil**/, 'bird' /**boid**/, 'perfect' /**poifikt**/ e 'learn' /**loin**/:

> If you b**ur**ned the t**ur**key, I'll m**ur**der you!
>
> *Se você queimou o peru, vou matar você!*
>
> That's c**er**tainly the w**or**st joke I ever h**ear**d.
>
> Com certeza, foi a pior piada que já ouvi.

♦ A pronúncia diferente de certas palavras, muitas vezes com uma extensão antes das vogais. Entre os exemplos mais típicos estão 'coffee'/**kwófi/**, 'off' /**óaf/**, 'dog' /**dóag/**, 'talk' /**tóak/**, 'cab' /**kiab/**:

> Finish **off** your **coffee** and we'll **talk** in the **cab.**
>
> *Termine o seu café e a gente pode conversar no táxi.*

GRÃ-BRETANHA: UMA BATATA QUENTE NA BOCA

Não existe *um* sotaque britânico, mas tradicionalmente a pronúncia considerada como padrão na Grã-Bretanha é a da classe média do Sudeste do país, o inglês do BBC antigo, de Colin Firth ou Tom Hiddlestone. Apesar de ser o sotaque de no máximo 30% da população, ainda é o sotaque que mais representa o país. No entanto, hoje em dia, é menos exagerado, menos 'esnobe' do que antigamente (a BBC mais moderna contrata pessoas com grande variedade de sotaques). Então, como é possível reconhecer esse sotaque padrão? Os fatores mais importantes são:

R

Em comparação com a pronúncia típica da América do Norte, o 'r' dos ingleses é menos carregado, mais fraco, principalmente quando vem depois de uma vogal. Compare a pronúncia das frases na página 169:

> Th**ere** w**ere** **four** m**ore** b**ir**ds this m**or**ning.
>
> The b**ar** is quite f**ar**, we need a c**ar**.

> The first year you learn a lot of words by heart.
>
> **Are** you sure this water is pure?

Se, por outro lado, o 'r' vem depois de uma consoante, já não existe tanta diferença entre a pronúncia britânica e a americana:

> In **Br**azil there's a **gr**eat **dr**ink called 'caipirinha' – 45% **pr**oof!
>
> *No Brasil, tem uma bebida maravilhosa chamada caipirinha – 45% de teor alcoólico.*

Além dessa diferença, o que realmente distingue o sotaque britânico e reforça a imagem dos ingleses como um povo que se acha meio superior (pelo menos aos olhos dos americanos) é o seguinte:

1. A pronúncia do som /ɔ:/ (/ô/), (como 'four', 'more' ou 'boring'). Nesse caso, o inglês mais típico de classe média produz um som com a boca bem estendida e redonda, o que tradicionalmente é descrito como *falando com uma batata quente na boca*:

> Bef**or**e I was b**or**n, my mother perf**or**med in Y**or**k.
>
> *Antes de eu nascer, minha mãe fez performances em York.*

Além disso, eles usam esse som de /ɔ:/ em muitas palavras que no sotaque americano teriam uma pronúncia mais parecida com /óó:/; por exemplo: walk, talk, law, saw, brought, thought, ought to, taught, caught. Compare a pronúncia, primeiro americano, depois britânico, desta frase:

> I **saw** him w**a**lking on the tracks, which I th**ough**t was against the **law**.
>
> *Eu vi ele andando nos trilhos, o que pensei que fosse contra a lei.*

2. A pronúncia da letra 'a' como /a:/, principalmente em palavras que terminam em -**ss**, -**st**, **sk** e **th**. Por exemplo, '**last class**' (*última aula*) fica parecido com /**larst klars**/, enquanto os americanos dizem /**láást kláás**/.

Escute os exemplos lidos primeiro com sotaque americano, depois britânico:

-ss	**glass** /glars/ **class** /klars/ **pass** /pars/ **ass** /ars/ **grass** /grars/
-st	**fast** /farst/ **past** /parst/ **last** /larst/ **vast** /varst/ **nasty** /narsti/
-sk	**ask** /arsk/ **task** /tarsk/ **mask** /marsk/ **flask** /flarsk/
-th	**bath(room)** /barth(wrum)/ **path** /parth/
Outros	**after** /arftã/ **half** /rarf/ **banana** /bãnarnã/ **laugh** /larf/ **staff** /starf/

> **La**st week I cut my **a**ss on some glass in the **ba**th.
>
> *Na semana passada, cortei minha bunda num pedaço de vidro na banheira.*
>
> I **a**sked the class to w**a**lk on the path, not on the grass.
>
> *Pedi para a turma andar na calçada, não na grama.*

T

A pronúncia de 't' ou 'tt' no meio de uma palavra é como /t/ mesmo; comparando-se com o 't' dos americanos (que fica quase como /d/), os ingleses falam um som de /t/ mais duro, produzido com uma expulsão de ar por entre os dentes. Compare a pronúncia britânica das frases, a seguir, com a pronúncia americana na página 171:

> Don't ge**t** any bu**tt**er on the le**tt**er.
>
> The hea**t**er will get ho**tt**er if you wai**t** a minute.
>
> It doesn't ma**tt**er if Pe**t**er is a wai**t**er or a wri**t**er.

Existem também algumas diferenças mais específicas:

1. O chamado '**y intrusivo**' em palavras como 'stupid', 'new' e 'duty', que os ingleses pronunciam com um som parecido com o /iu/ (de 'ci̲úmes): /**stiúpid**/, /**niú**/ e /**diúti**/, enquanto alguns americanos dizem /**stuupid**/, /**nuu**/ e /**duudi**/.

2. Pronúncia de palavras que terminam em **-ory** e **-ary**, como 'laboratory', 'satisfactory' ou 'secretary', em que os ingleses cortam a última parte, até ficar parecida com 'tree': /labora**tri**/, /satisfak**tri**/, /secre**tri**/. Compare novamente a pronúncia britânica com a americana:

> My **new secretary** is so **stupid**! He had to look up **'inventory'** in the **dictionary**!
>
> *Meu secretário novo é muito burro! Teve que procurar 'inventário' no dicionário!*

3. Palavras que terminam em **-ile**, como 'mobile', 'sterile', 'missile' e 'fertile', que para os ingleses produzem o som de **/ail/** = /moubail/, /sterail/, /misail/, /fertail/ - enquanto os americanos cortam o som para /**ãl**/ = /mobãl/, /sterãl/, /misãl/, /fertãl/.

4. Algumas palavras soltas têm uma pronúncia diferente nos dois lados do Atlântico, por exemplo, 'tomato' = /tã<u>mei</u>do/ US, /tã<u>mar</u>tou/ GB, 'leisure' = /<u>lii</u>djã/ US, /<u>lé</u>djã/ GB e 'Lieutenant' = /lu<u>té</u>nãnt/ US, /lef<u>ten</u>ãnt/ GB.

LONDRES E SUDESTE DA INGLATERRA

Em geral, os londrinos têm fama de falar bem rápido, com um ritmo mais marcado, cortando ou engolindo as palavras. Além disso, existem aspectos da pronúncia mais específicos ligados ao sotaque originalmente chamado de 'Cockney' (que também tem seu próprio vocabulário), como da cantora Adele ou do chefe de cozinha Jamie Oliver, por exemplo:

♦ A pronúncia bem fraca de '**t**' ou '**tt**' no meio ou no final de uma palavra, às vezes sumindo completamente. Claro que isso ocorre em contraste com o 't' forte do sotaque britânico padrão e também com o 't/d' dos americanos. Por exemplo: 'later' fica /**leiã**/, 'daughter' fica como /**doã**/ e 'a lot' fica /**aló**/. Escute o slogan de uma propaganda antiga, que brincava com esta pronúncia:

> You be**tt**er pu**t** a be**tt**er bi**t** of bu**tt**er on your knife.
>
> *Você deveria colocar um pedaço melhor de manteiga na sua faca.*

♦ A pronúncia de 'th' quase como /**f**/, pelo menos para quem tem um sotaque forte da região. Mas não pense que isso vai acabar com a suas dificuldades de falar o 'th' correto, porque, infelizmente, essa pronúncia é geralmente considerada um pouco feia e uma marca de alguém sem boa formação. Quem diz 'free' em vez de 'three', 'fanks' por 'thanks' e 'fink' no lugar de 'think', vai deixar bastante óbvia sua procedência:

> I **th**ought **th**ere was some**th**ing else to do after **th**ree **th**irty.
>
> *Pensei que tinha mais alguma coisa pra fazer depois das três e meia.*

♦ Não pronunciar a letra 'h' no começo de muitas palavras: 'head' fica /**éd**/, 'happy' fica /**ápi**/ e 'holiday' fica /**ólidei**/.

> ~~H~~ello ~~H~~arry, ~~H~~ow are you? ~~H~~ave you ~~h~~eard about ~~H~~enry? ~~H~~e's ~~h~~urt his ~~h~~and.
>
> *Oi, Harry, tudo bem? Está sabendo do Henry? Ele machucou a mão.*

O NORTE DA INGLATERRA

Apesar dos sotaques diferentes em cada cidade (Manchester e Liverpool, por exemplo, são a 60 km de distância, mas com sotaques bem distintos), existem três elementos típicos da pronúncia nas regiões situadas ao norte da Inglaterra. Assista uma entrevista com os irmãos Gallagher, da banda Oasis, ou com o ator Sean Bean (da série 'A Guerra dos Tronos') para ouvir as caraterísticas principais:

◆ A pronúncia do /**a:**/ do Sul como /**a**/, com uma duração bem curta que enfatiza o final da palavra: 'half past' = /**raff passt**/. Compare a pronúncia das mesmas frases que você ouviu com os sotaques do Sul da Inglaterra e da América do Norte:

> La**st** week I cut my **a**ss on some gla**ss** in the b**a**th.
>
> I **a**sked the cla**ss** to walk on the p**a**th, not on the gr**a**ss.

◆ Observa-se pouca diferença entre a pronúncia dos sons /**a**/ e /**u**/. Então 'up' /ap/ fica igual a /**up**/ e 'luck' fica igual a /**luk**/. Compare a pronúncia primeiro do Sul, depois do Norte:

> I'm w**o**rried about my y**o**unger br**o**ther. He's got no m**o**ney and n**o**thing to eat.
>
> *Estou preocupado com o meu irmão mais novo. Ele não tem dinheiro e não tem nada para comer.*
>
> The re**su**lt of the c**o**mpany report last m**o**nth means we m**u**st find a new prod**u**ct.
>
> *O resultado do relatório da empresa no mês passado recomenda que deveríamos achar um produto novo.*

◆ Verifica-se uma entonação menos marcada do que no Sul, o que pode dar a impressão de que as pessoas são meio desanimadas! Trata-se de uma grande generalização, é claro (e pode ser a impressão de alguém do Sul), mas as pessoas do Norte têm tendência de ser mais diretas, a falar sem mostrar muita emoção. Compare a entonação mais exagerada do Sul com o tom mais baixo e controlado do Norte:

> Did you have a good time at the party? Yeah, it was great.
>
> *Vocês se divertiram na festa? Sim, foi muito legal.*

> Why did you come home so late? I was working.
>
> *Por que você voltou para casa tão tarde?*
> *Eu estava trabalhando.*

 ESCÓCIA

O jeito de falar do ator Ewan McGregor ou do DJ Calvin Harris, por exemplo, que, além de diferenças de vocabulário e gramática, inclui uma complexidade de diferenças na pronúncia de vários sons, entre outros:

◆ A pronúncia do 'r' antes de uma vogal mais ao estilo americano (página 169), ou seja, mais carregada, com mais duração:

> There are four golf courses not far from here.
>
> *Há quatro campos de golfe não muito longe daqui.*

E se tiver um 'l' depois do 'r', pode produzir uma sílaba a mais: 'girl' fica parecido com /**gãrãl**/ e 'world' como /**uãrãld**/.

◆ A pronúncia de /**u**/ como /**u:**/, então 'good' fica /**guud**/ e 'put' rima com 'boot' /**puut**/.

> You should look for a good book.
>
> *Você deveria procurar um bom livro.*

♦ A pronúncia de /**au**/ quase como /**u**/, então 'now' fica parecido com /**nu**/ e 'brown' com /**brun**/.

> Go **d**o**w**n the r**oa**d for ab**ou**t 50 yards and r**ou**nd the r**ou**ndab**ou**t to the t**ow**n.
>
> *Desça esta rua mais ou menos 45m e contorne a rotatória para chegar à cidade.*

IRLANDA

Em geral, o ritmo suave do sotaque geral da Irlanda dá uma qualidade lírica e charmosa, reforçando a imagem de um povo romântico e poético. Você só precisa ouvir uma entrevista com a banda U2 ou com o ator Colin Farrell para entender por que é considerado um dos sotaques mais bonitos na língua inglesa. Mais uma vez, as diferenças principais são evidentes na pronúncia das vogais, por exemplo:

♦ A pronúncia de /**ai**/ como um /**ói**/ suave, que deixa 'eyes' como /**óiz**/, e 'right' como /**wróit**/.

> Last **night** I had to **lie** to **my wife**, just to **buy** some **time**.
>
> *Ontem à noite tive que mentir para minha esposa, só para ganhar tempo.*

- A falta do som de **/th/**, que muitas vezes muda para **/d/** ou **/t/**, porém de uma forma bem mais charmosa do que o sotaque londrino! Por exemplo, 'think' fica parecido com **/tink/**, 'three' com **/trii/**, 'that' com **/dat/** e 'then' com **/den/**:

> **Th**e **th**ing is, I'm **th**rowing a party for **th**ree hundred people at the **th**eatre on **Th**ursday.
>
> *É o seguinte: vou fazer uma festa para trezentas pessoas no teatro na quinta-feira.*

AUSTRÁLIA E NOVA ZELÂNDIA

Com certeza, há uma conexão mais forte entre esses sotaques e o sotaque padrão da Inglaterra do que com o da América do Norte, e até hoje muitas pessoas da classe média desses países ainda falam com um sotaque meio britânico sob alguns aspectos. Porém, a maioria combina elementos da pronúncia inglesa com outros da pronúncia americana e alguns que fazem parte do sotaque único desses países. Principalmente o sotaque 'oceânico', de Paul Hogan, Nicole Kidman e Hugh Jackman, se distingue pelos seguintes motivos:

- Uma entonação que sobe no final da frase, o que pode dar a impressão de que eles estão fazendo uma pergunta quando, na verdade, estão dizendo algo afirmativo! Escute uma frase típica:

> We went to a bar... had a few beers... talked to a few girls.
>
> *Fomos para um bar... tomamos algumas cervejas... falamos com algumas meninas.*

◆ A pronúncia de certas vogais, principalmente o som de /ei/ como /ai/, que deixa 'day' parecida com 'die' /**dái**/, e 'away' fica como /**awái**/. Uma piada meio boba é de um australiano em Nova Iorque que quase é atropelado por um táxi, de tanto olhar para os prédios altos. O taxista, indignado, grita: 'Hey, what's your problem? Did you come here to die?' (*Qual é seu problema? Você veio aqui para morrer?*), e o turista responde: 'No, mate, I came here yesterday!' (*Não, amigo, eu vim ontem!*). Escute mais uma frase exagerada para entender melhor essa pronúncia:

> If you s**ay** we can't pl**ay** tod**ay**, we'll be on our w**ay** without del**ay**.
>
> *Se você falar que não podemos jogar hoje, vamos embora sem demora.*

◆ Por outro lado, na pronúncia de /**ai**/, os australianos tipicamente colocam mais ênfase no som de /**i**/. O resultado é uma extensão da vogal, que deixa a palavra 'buy' como /**bai-i**/ e 'night' como /**nai-it**/:

> I like my w**i**fe, so I tr**y** not to l**ie**.
>
> *Gosto da minha esposa, então tento não mentir.*
>
> It's t**i**me to say goodb**ye**.
>
> *Está na hora de dar tchau.*

Do mesmo jeito, a pronúncia do som /**ou**/ fica mais estendida que nos outros sotaques, então 'home' fica /**rouum**/, e 'alone' fica /**alouun**/:

> S**o**, why d**o**n't you g**o** and ph**o**ne that bl**o**ke from the sh**ow**?
>
> *Então, por que você não vai ligar para aquele cara do show?*

◆ A pronúncia que mais identifica o sotaque de Nova Zelândia é o /**e**/ falado como /**i**/, por exemplo, 'ten pens' fica /**tin pinz**/, ou 'went to bed' fica

◆ /**uint tã bid**/: Then Ben fell off the deck. *Daí Ben caí do deck.*

> M**e**n only think about s**e**x!
>
> *Os homens só pensam em sexo!*

Em geral, o sotaque desses países é reconhecível pelo ritmo mais marcado de falar, sem abrir muito a boca, e de separar as palavras com mais clareza, terminando com um som mais duro. Um bom exemplo é a atriz Charlize Theron (pelo menos nas entrevistas antigas), Oscar Pistorius ou até Meryl Streep no filme *Entre Dois Amores* (Out of Africa).

♦ A pronúncia da própria palavra 'Africa' representa a diferença principal das vogais, porque o som de /a/ ('cat') muda para ficar mais perto de /é/ ('bed'): Africa = /éfrika/   back = /béck/   map = /mép/

> That black cat attacked my dad. It scratched his hand.
>
> *Aquele gato preto atacou meu pai. Arranhou sua mão.*

♦ Outra característica é uma pronúncia mais curta das vogais compridas, principalmente /i:/, que fica reduzida para /i/, deixando 'feet' e 'fit' quase iguais, bem como 'leave' e 'live' ou 'sheet' e 'shit':

> Is this seat free? Can I sit here, please?
>
> *Este lugar está livre? Posso sentar aqui, por favor?*

♦ O som de /au/ fica parecido com /ai/, o que também ocorre com o sotaque irlandês (do Norte); 'now' parece /nai/ e 'sound' parece /saind/. Uma história engraçada: um turista chega na alfândega da África do Sul, e, depois de revistar sua bagagem, o oficial aparentemente fala 'Nice trip'

(*Boa viagem*). 'Thank you', o turista responde, mas o oficial se irrita e grita: 'NO! Now strip! (*Não, agora tire as roupas!*).

> In India, c**ow**s are all**ow**ed in the t**ow**n. They sit d**ow**n in the road!
>
> *Na Índia, as vacas são permitidas na cidade. Elas ficam sentadas na rua!*

Exercício 1.

SOTAQUE AMERICANO OU BRITÂNICO?

Escute as frases duas vezes e decida se a pessoa tem um sotaque americano ou britânico. Quais são os sons em cada exemplo que permitiram você adivinhar?

1. **All the doors were burned in the fire.**
   Todas as portas foram queimadas no fogo.

2. **The last train leaves at half past four.**
   O último trem sai às 16h30.

3. **You better meet her later.**
   Melhor você se encontrar com ela mais tarde.

4. **I thought that the equipment in the laboratory had to be sterile.**
   Eu pensei que o equipamento no laboratório deveria ser estéril.

5. **It sure is stupid to say "tomato with that horrible accent.**
   Com certeza, é bem estúpido falar tomate com aquele sotaque horrível.

Exercício 2

SOTAQUES DA AMÉRICA DO NORTE E DA GRÃ-BRETANHA

Escute as frases a seguir e combine cada uma com um dos sotaques:

■ Sul dos EUA ● Norte da Inglaterra ✳ Londres ▲ Nova York ★ Canadá

1. **I think that Prince Harry must have a lot of mates.**

   Acho que o Príncipe Harry deve ter muitos amigos.

2. **He was shouting, but no sound was coming out, eh?**

   Ele estava gritando, mas nenhum som estava saindo, sabe?

3. **The Police have been looking for Ben again.**

   A Polícia estava procurando Ben de novo.

4. **First we had a cup of coffee and just talked.**

   Primeiro tomamos um café e conversamos.

5. **Can you pass me the glasses and the cups, please, love?**

   Pode me passar os copos e as xícaras, por favor, querido?

Exercício 3

SOTAQUES AO REDOR DO MUNDO

Escute a conversa e decida de quais países vêm essas duas pessoas:

Bruce: G'day mate! You doing ok?

Declan: I'm fine, thanks. What are you doing tonight?

Bruce: Tonight? Don't know yet. We might go to a wine bar, and we may stay at home.

Declan: Why don't you come with me and Brian to see a film?

Bruce: Yeah, maybe. Have to speak to Sheila first though.

Declan: That's right, can't do anything without checking with her highness, eh?

Bruce: Fair go mate, but I'd die if she went away!

Bruce: Bom dia, cara. Você vai bem?

Declan: Tudo bem, obrigado. O que vai fazer hoje à noite?

Bruce: Hoje à noite? Não sei ainda. Talvez a gente vá a um bar de vinhos ou talvez fique em casa.

Declan: Por que vocês não vêm ver um filme comigo e com o Brian?

Bruce: Sim, pode ser. Mas tenho que falar com a Sheila primeiro.

Declan: É verdade, não pode fazer nada sem consultar Sua Alteza, né?

Bruce: Tá certo, mas eu morreria se ela fosse embora!

GLOSSÁRIO DE FONÉTICA

☐ = (quase) igual ao português ▓ = diferente do português

VOGAIS CURTAS

e	ɪ	æ	ʌ	ɒ	ʊ		ə
pen	big	cat	cup	dog	put		pizza

VOGAIS LONGAS

uː	ɪː	ɔː	aː	ɜɼ
do	see	horse	far	her

CONSOANTES

p	t	b	d	k	f	s
pen	bit	bed	dad	kick	five	son
g	v	z	l	w	m	h
girl	give	zoos	love	work	me	him

r	j	ŋ	θ	ð	ʃ	tʃ	ʒ	dʒ
red	yes	sing	three	the	shoe	church	vision	job

DITONGOS (*O ENCONTRO DE DUAS VOGAIS*)

eɪ	aɪ	ɔɪ	aʊ	eə	əʊ	ɪə	ʊə
d<u>ay</u>	b<u>ye</u>	b<u>oy</u>	h<u>air</u>	n<u>ow</u>	g<u>o</u>	n<u>ear</u>	p<u>ure</u>

Aprenda os símbolos fonéticos em uma hora, ou seu dinheiro de volta!

Para aprender os símbolos fonéticos, é importante dividir os símbolos em grupos, que podem ser assimilados aos poucos. Para começar, pegue uma folha de papel em branco.

1. Anote primeiro todos os **símbolos 'óbvios'**, ou seja, que geralmente têm mais ou menos o mesmo som que as letras em português (na figura anterior, são os símbolos *não* sombreados):

Consoantes:	/b/	/d/	/f/	/h/	/k/	/l/	/m/	/n/	/p/	/r/
	/s/	/t/	/v/	/z/						
Vogais:	/e/	/ɪː/	/uː/							
Ditongos:	/eɪ/	/aɪ/	/ɔɪ/ (parece /oi/)				/aʊ/ (parece /au/)			

Você poderá observar que muitas palavras já ficam mais fáceis na transcrição fonética. Escute:

weight = /**weɪt**/	tiny = /**taɪnɪ**/	meant = /**ment**/
loud = /**laʊd**/	noisy = /**nɔɪzɪː**/	biscuit = /**bɪskɪt**/

2. Agora divida o resto da página em três colunas, com os títulos 'vogais', 'consoantes' e 'ditongos'. Copie na primeira coluna (à esquerda):

i. **As vogais longas.** A principal causa dos erros mais frequentes dos brasileiros. Existem cinco, e todas têm dois pontinhos depois do símbolo fonético para representar a duração maior da vogal. Escute os exemplos:

/ɪː/ sh<u>ee</u>t, l<u>ea</u>ve, d<u>ee</u>p	/uː/ fr<u>ui</u>t, ch<u>oo</u>se, sh<u>oe</u>s	/ɑː/ f<u>a</u>ther, sm<u>a</u>rtphone, b<u>a</u>r
/ɔː/ m<u>o</u>re, f<u>ou</u>r, b<u>o</u>ring		/ɜː/ w<u>e</u>re, d<u>i</u>rty, l<u>ea</u>rn

Os dois primeiros têm o mesmo som que as letras 'i' e 'u' em português, mas bem estendido. Para os outros três, só é preciso lembrar que as pontinhas representam a letra 'r' em inglês:

| /aː/ = 'ar' (como 'bar') | /ɔː/ = 'or' (como 'for') | /ɜː/ = 'er' (como 'her') |

ii. **As vogais curtas**, que não têm o mesmo som da letra. Existem quatro:

| /æ/ cat, bad, pancake | /ɒ/ dog, a lot, clock |
| /ʌ/ country, money, luck | /ə/ ('schwa') about, famous, forget |

O símbolo /ʌ/ representa o som da vogal da palavra 'up' (ou seja, o 'up' sem o 'p') e é exatamente para essa direção que o símbolo aponta!

iii. Na coluna do meio, **escreva as consoantes** + final: "/ɒ/" + "/dɒg/ que não têm o mesmo som da letra: são três 'casais' e dois 'solteiros':

| /θ/ think, death + /ð/ then, further |
| /ʃ/ shower, washing + /tʃ/ church, cheese |
| /ʒ/ television, measure + /dʒ/ jump, gym |
| /ŋ/ sing, ringing   /j/ yes, useful |

iv. Finalmente, na coluna à direita, anote **os ditongos** que não têm o mesmo som das letras. São combinações de duas vogais (incluindo 'schwa'). Existem quatro:

| /əʊ/ go, hello, phone | /ɪə/ here, fear |
| /eə/ there, chair, wear | /ʊə/ tour, sure |

Outras dicas para memorizar os símbolos

Tenha em mente o exemplo de *uma palavra* que contém esse som. Por exemplo, para lembrar do símbolo /æ/ você pode sempre pensar num gato: /kæt/, ou para fixar o símbolo /ɒ/ pode lembrar de um cachorro /dɒg/. Assim você sempre terá uma referência mental quando encontrar o símbolo de novo.

Crie uma imagem que já inclua o símbolo e cuja palavra inclui o som. Veja dois exemplos do livro-texto *English File* (Editora OUP):

mother   shower

♦ Depois de identificar um símbolo difícil, procure mais palavras comuns com o mesmo som, anote a transcrição fonética e experimente criar uma frase típica em que elas aparecem. Conforme a lista for crescendo, anote as palavras nas colunas, abaixo da sua 'palavra referencial'; por exemplo, na coluna da palavra 'sun' /sʌn/, você poderá acrescentar country /kʌntrɪ:/, culture /kʌltʃə/, drunk /drʌnk/, public /pʌblɪk/, assim por diante.

♦ Pratique a transcrição de uma variedade de palavras e sons. Por exemplo, faça uma lista de 10 palavras sobre um tópico relevante para você, procure no dicionário e escreva os símbolos fonéticos. Depois, repita o processo, mas dessa vez de cabeça, anotando os símbolos que não conseguir se lembrar.

♦ Use jogos para se divertir enquanto pratica mais os símbolos, por exemplo:

PALAVRAS CRUZADAS*

Com um símbolo só

1. come, touch, cut, much

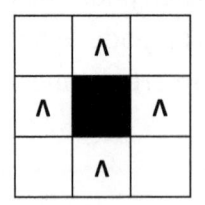

2. pot, shock, shop, cot

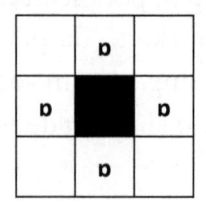

---

* Veja as respostas na página 194.

Com diversos símbolos

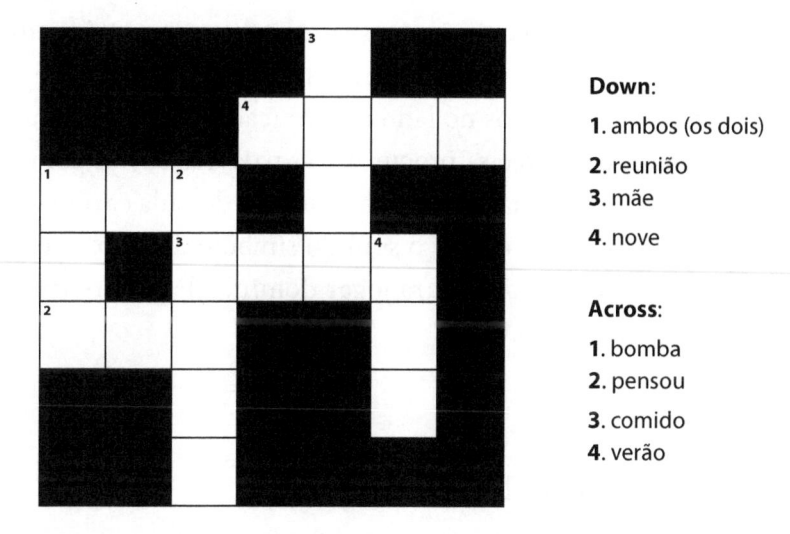

Down:

1. ambos (os dois)

2. reunião
3. mãe

4. nove

Across:

1. bomba
2. pensou

3. comido
4. verão

Jogo da Memória

Corte pedaços de papel-cartão (aprox. 2 cm × 5 cm), dois para cada símbolo que quer memorizar, com um total de pelo menos oito. Na metade dos cartões escreva um símbolo fonético e, na outra metade, coloque uma palavra que contém esse som. Agora você está pronto para jogar, embaralhando todos os pedaços de cabeça para baixo, símbolos de um lado, palavras do outro.

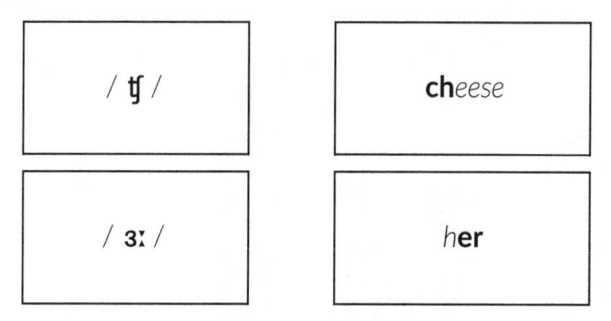

Uma variação para uma prática mais intensiva é escrever a transcrição fonética da palavra no outro lado do cartão. Assim, quando você joga, em um lado você terá as palavras escritas no alfabeto visíveis e embaixo a transcrição fonética que vai confirmar ou não a sua tentativa.

Dominó

Para cada símbolo que você não consegue lembrar, corte três pedaços de papel (aprox. 2 cm × 7 cm). Desenhe uma linha no meio de cada pedaço e escreva os símbolos no lado direito (cada símbolo será usado três vezes). Agora, você precisa procurar três palavras curtas para cada símbolo e escrever uma palavra no lado esquerdo de cada cartão, sendo que essa palavra não pode conter o som do símbolo do lado direito do cartão. Agora você está pronto para jogar dominó, de preferência com mais uma ou duas pessoas.

*di*sh   /uː/   ⇒   b*oo*t   /ə/   ⇒   **a**go   /ð/

Respostas para as palavras cruzadas

1.

k	ʌ	t
ʌ	■	ʌ
m	ʌ	tʃ

2.

ʃ	ɒ	p
ɒ	■	ɒ
k	ɒ	t

Down:

1. both
2. meeting
3. mother
4. nine

Across:

1. bomb
2. thought
3. eaten
4. summer

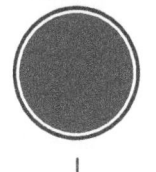

RESPOSTAS DOS EXERCÍCIOS

Capítulo 1

EXERCÍCIO 1. SUGESTÕES PARA PREVISÕES DE VOCABULÁRIO:

Nouns		Adjectives		Verbs	
a ticket	*uma passagem*	**delayed/ late**	*atrasado*	**to miss**	*perder/não pegar*
a boarding pass	*um cartão de embarque*	**on time**	*na hora certa*	**to lose**	*perder objeto/ pessoa*
an aisle/a window seat	*uma poltrona de janela/ corredor*	**packed**	*lotado*	**to get on/ get off the plane**	*entrar/sair do avião*
a seatbelt	*um cinto de segurança*	**overbooked**	*cheio/sem vaga*	**to take off**	*decolar*
passengers	*passageiros*	**bored**	*entediado*	**to land**	*aterrissar*
flight attendant	*aeromoça/o*	**annoyed**	*chateado/ irritado*	**to hang around**	*ficar esperando*

Nouns		Adjectives		Verbs	
(to make) an announcement	*fazer um anúncio*	**exhausted**	*exausto*	**to run out of**	*acabar o estoque de algo*
				to complain	*reclamar*
				to argue	*discutir/ brigar*

Texto Completo

God, the worst trip I've ever had was when I went to Saudi Arabia. Everything went wrong from the very start. We got a taxi to the airport, but of course the traffic was terrible, it was rush hour, and we sat there for an hour, sure that we would miss the plane.

But we hadn't missed the flight, because it had been delayed due to the foggy weather. We had to hang around for ages, and of course the airport was packed because all the other flights had been delayed as well.

Four hours later we finally got on the plane, but we couldn't sit down because there was someone else sitting in our seats. The flight was overbooked, so we ended up sitting in the special seats for flight attendants, which wasn't very comfortable.

After we had taken off, the flight attendants served the food, which was not only disgusting, but also cold. We decided to skip dinner and have a few drinks, but then we found out that they didn't serve alcohol on the plane, because Saudi Arabia is a strict Moslem country.

Suddenly, there was announcement saying we had to do up our seatbelts and get ready to land immediately. It turned out we had run out of fuel! Can you believe it? An hour and a half later we took off again.

When we finally got to Riyadh, the capital of Saudi Arabia, the airport was closed and there were no buses or taxis. In the end, we slept in a park until the airport opened, then we got a taxi to the hotel. What a trip!

A ordem correta das frases que resumem a história é:

3. It took a long time to get to the airport. – **6.** The plane was delayed taking off. – **4.** There were more people than seats. – **2.** The food was disgusting. – **1.** We had to make an emergency landing. – **5.** The country we went to has different laws.

EXERCÍCIO 2

Básico:	There are 3 people talking in a store.
	Há 3 pessoas conversando em uma loja.

Resumo ('Skim'):	São o balconista, um cliente e o gerente da loja. Eles estão conversando porque o cliente diz que seu aparelho de fax não está funcionando. Eles descobrem que o cliente não tinha instalado o papel e o gerente vende um papel por um preço bem elevado.

Informações específicas ('Scan')

a. The customer bought a fax machine.

O cliente comprou um aparelho de fax.

b. He bought it three years ago.

Ele comprou há três anos.

c. Because there was no paper.

Porque não tinha papel.

d. It costs $70 a roll.

Custa $70 o rolo.

Diálogo

SA: Good morning sir, how can I help you?

C: Hello, yes, I bought this, um, fax machine here and it doesn't work.

SA: I see, and do you have a receipt?

C: Of course not! I bought it three years ago!

SA: Three years ago? Well then, I'm afraid the fax machine is no longer under guarantee, sir.

C: You must be kidding! I've never used it! Let me speak to the manager!

M: Yes, what seems to be the trouble?

SA: Er, this customer bought a fax machine here 3 years ago and is complaining that it doesn't work, sir.

M: Really? And what happens when you switch it on?

C: Right, well, I switched on the machine and I asked my friend to send me a fax, but it just made a noise like this, beep... beep... beep, and a little light came on, with a little picture of a piece of paper!

M: Ah, yes, sir, that means that there's no paper in the fax machine.

C: Paper? But my friend was sending me a piece of paper by fax!

M: No, actually sir, you need to put paper in your machine to print the fax. Of course we have some paper here you can buy.

C: Really? How much is it?

M: $70 for a roll.

C: Ok, fine, I'll take two, one for me and one for my friend.

B: *Bom dia, senhor, em que posso ajudá-lo?*

C: *Bom dia, eu comprei este aparelho de fax aqui e não está funcionando.*

B: *Entendi, e o senhor tem a nota fiscal?*

C: *Claro que não! Comprei há três anos!*

B: *Há três anos? Bem, infelizmente o aparelho não está mais sob garantia.*

C: *Está brincando? Nunca usei! Me deixe falar com o gerente!*

G: *Sim, qual é o problema?*

B: *Er, este cliente comprou um aparelho de fax aqui há três anos e está reclamando que não funciona.*

G: *Sério? E o que acontece quando você liga o aparelho?*

C: *Bem, liguei o aparelho e pedi para o meu amigo mandar um fax, mas só ficou fazendo um barulhinho assim, bip... bip... bip, e uma luzinha acendeu, com um pequeno desenho de uma folha de papel!*

G: *Sim, senhor, isso quer dizer que não tem papel no aparelho.*

C: *Papel? Mas o meu amigo estava mandando uma folha de papel pra mim por fax!*

M: *Não, na verdade, senhor, é preciso colocar papel no seu aparelho para imprimir um fax. E, claro, nós temos papel aqui para o senhor comprar.*

C: *Sério? Quanto custa?*

G: *$70 por rolo.*

C: *Tá bom então, vou levar dois, um para mim e um para o meu amigo.*

EXERCÍCIO 3. Há (pelo menos) duas opções para cada frase:

1. I haven't eaten since this morning, so I'm absolutely **famished/starving**!
2. The car broke down, so they had to **tow/take** it to the mechanics.
3. I was so exhausted last night that I slept like a **log/baby**.

4. When he saw the mouse, he **shrieked/screamed** and jumped on a chair.

5. He was driving so **carelessly/badly/fast** that he didn't see the red light.

Capítulo 2

EXERCÍCIO 1. A PARTE DA PALAVRA COM '*SCHWA*' ESTÁ EM NEGRITO:

1. B = infor**ma**tion **2. B** = com**pa**ny **3. B** = po**li**ceman **4. A** = **wo**man

5. B = **se**parate **6. B** = a**nnoy**ing **7. A** = **frigh**tened **8. B** = to**mo**rrow

EXERCÍCIO 2

●●● Who are you?	+	Turn it off.
●●●● What do you want?	+	Give me a break.
●●●● Close the window	+	Call the office.
●●●● Where are you staying?	+	Pass me the water.
●●●●● The dog is sick.	+	I spoke to Matt.

EXERCÍCIO 3. AS PALAVRAS SUBLINHADAS CONTÊM AS INFORMAÇÕES PRINCIPAIS:

1. I <u>went</u> to the <u>supermarket</u> to <u>get</u> some <u>juice</u> and a <u>bottle</u> of <u>wine</u>.

2. The <u>delivery</u> was <u>late</u> and there was <u>no</u> <u>receipt</u>. <u>Please</u> can you <u>send</u> it <u>today</u>?

3. Do you <u>have</u> an <u>umbrella</u> that I can <u>borrow</u> for a <u>few</u> <u>days</u>?

4. <u>Mark</u> and <u>Lucy</u> are <u>getting</u> <u>married</u>. The <u>wedding</u> will <u>be</u> in the <u>summer</u>.

5. Why don't we <u>meet</u> at the <u>bar</u> <u>near</u> your <u>house</u>, at about <u>9.00</u>?

As categorias principais para as palavras sem ênfase são:

- ♦ **Preposições**: to, of, for, in, at
- ♦ **Verbos auxiliares**: was, can, do/don't, are, will
- ♦ **Artigos**: the, a, an, some
- ♦ **Conjunções**: and, that

Não se preocupe se não tiver conseguido dividir exatamente desse jeito, porque o objetivo aqui é que você perceba como o mesmo tipo de palavra geralmente fica sem ênfase com a mudança da pronúncia para 'schwa'. A partir da página 30, abordamos essas categorias mais detalhadamente.

EXERCÍCIO 4

1. A   2. A   3. B   4. A   5. B   6. A   7. B   8. B   9. A   10. B

Quando a palavra vem no final da frase, não é uma forma fraca e consequentemente não apresenta a pronúncia de 'schwa'. Além disso, no número **3. A**, como 'the' vem antes de uma vogal, também não é uma forma fraca e tem a pronúncia completa de /**thii**/.

EXERCÍCIO 5. AS PALAVRAS SEM ÊNFASE ESTÃO SUBLINHADAS:

John Lennon was born in Liverpool in 1940. In 1957, at the age of sixteen, he formed his first band. Paul McCartney soon joined him, and after experimenting with several names, they finally decided to call themselves The Beatles. After four months playing in Germany, the group managed to get a recording contract and became an overnight sensation. John married Cynthia Powell in 1962, when she was pregnant with his son Julian, who was born the following year.

From 1963 to 1970, the group became 'more popular than Jesus' (as John Lennon famously remarked), and after recording some of the most classic albums in rock history, finally split up to pursue their solo careers. John spent the next years recording and campaigning for peace with his partner, Yoko Ono, until in 1980 he was tragically shot in New York by a crazed fan called Mark Chapman.

CAPÍTULO 3

EXERCÍCIO 2

E = 1. 1ª vez   **2.** 2ª vez   **3.** 1ª vez   **4.** 1ª vez   **5.** 2ª vez   **6.** 2ª vez

EXERCÍCIO 3

1. Check **2.** Check **3.** Aberta **4.** Aberta **5.** Check

CAPÍTULO 4

EXERCÍCIO 1. AS LETRAS QUE PODEM SER CORTADAS ESTÃO EM NEGRITO:

1. The tes**t** was qui**t**e har**d** really, bu**t** no more difficul**t** than the las**t** time.

2. She tol**d** me we mus**t** get a differen**t** kind of ligh**t** for the nex**t** show.

3. I though**t** you ha**d** sent the letter, bu**t** you left it a**t** home, didn'**t** you?

4. I hear**d** they have goo**d** deals on secon**d**-han**d** furniture.

5. We me**t** just two weeks ago, and we're getting marrie**d** this spring.

EXERCÍCIO 2. O DIÁLOGO MOSTRANDO AS PALAVRAS QUE FORAM CORTADAS:

A. <u>Good</u> morning Pete, <u>are you</u> feeling better?

B. <u>I'm</u> just a bit tired, that's all. <u>Do you</u> want some coffee?

A. No, thanks, <u>I've given up</u> coffee... and <u>I've given up</u> cigarettes.

B. Wow, <u>that's</u> impressive. <u>Have you</u> seen the sugar anywhere?

A. It's in the fridge. That reminds me, <u>we've/I've</u> got to go shopping

B. <u>We/I</u> can't. <u>The/My/Our</u> car's not working.

EXERCÍCIO 3

1. /rei rauiãdúin?/ = Hey, how (are) you doing?

2. /uotãviubinaptu?/ = What have you been up to?

3. /siiãtãmórou ãbautu/ = See you tomorrow about 2.00.

4. /guédaudãrriã/ = Get out of here!

5. /dounivãnthinkãbaudit/ = Don't even think about it.

6. /rariap uiljã!/ = Hurry up, will you!

7. /guédaudãbéd ãnteikãshauã/ = Get out of bed and take a shower!

8. /rouldonãsék alguédãpen / = Hold on a sec., I'll get a pen.

EXERCÍCIO 4. AS MUDANÇAS DE PRONÚNCIA QUE COMBINAM:

1. Can I have a **white coffee**?   = **b.** /t/ → /k/

2. I voted for the **Green Party**.   = **e.** /n/ → /m/

3. You can have a **bad meal** even in France.   = **a.** /d/ → /g/

4. They **shoot bears** in Canada, don't they?   = **c.** /t/ → /p/

5. I only had **one cup** of tea.   = **f.** /n/ → /ng/

6. She won the **gold medal**.   = **d.** /d/ → /b/

CAPÍTULO 5

EXERCÍCIO 1

1. The thing is – I left the file at the office – so I'll pick it up tomorrow – before the meeting.

2. Friday will be mostly cloudy – with a few scattered showers in the north – and sunny spells in the south and east.

3. She came into the room – looking tired and worried – and said she didn't feel like going to a big party (–) full of overdressed people.

4. The new public library – which is on your left – was completed last year – mostly with lottery money.

5. Excuse me – would it be possible to have (–) another blanket, please?

EXERCÍCIO 2

A. Hey Mike, how you doing?

B. Not too bad thanks. How was your trip to Spain?

A. We had a great time. Shame we had to come home really. What about you, how's the new job going?

B. Pretty well actually, I'm really enjoying working with computers again. Hey listen, do you feel like coming over for dinner next week?

A. I'd love to. Would it be alright if I bring my new girlfriend?

B. Yes, of course! How about Wednesday?

A. Ok, fine, look forward to seeing you on Wednesday then.

B. Have a good weekend, bye!

EXERCÍCIO 3

A. I'm off, see you later. + Have a good trip, you lucky bastard.

B. Hey man, what's up? + Yo, dude, how you doin?

C. Can I get you another? + Why not? I feel like celebrating.

D. What've you been up to? + Nothing much, you know, spending money.

E. I'm afraid I can't go out. + Never mind, hope you get better soon dear!

EXERCÍCIO 4. AS PERGUNTAS NO ÁUDIO → RESPOSTAS POSSÍVEIS:

1. **Hey, how you doing?**

   → (I'm) fine/good/ok/not bad. + How are you (doing)?/how's it going?

2. **Did you have a good trip?**

   → Yes, it was good/great/ok etc. *ou* No, it was terrible/awful/crap etc.

3. **What are you doing tonight?**

   → I'm going out with some friends. *ou* I'm going to stay at home.

4. **Can I get you something to drink?**

   → Yes, please, I'd like a [Coke /beer/coffee]. *ou* No, I'm fine/ok, thanks.

5. **See you later.**

   → See you (later). *ou* (Good) bye.

6. **What have you been doing this week?**

   → I've been really busy at work. *ou* I've been taking it easy.

7. **Excuse me, have you got a light, please?**

   → Yes, here you are/go. *ou* No, sorry (I don't smoke).

8. **Hope you have a good weekend.**

   → Thanks, same to you. *ou* Thanks, you too. See you on Monday.

EXERCÍCIO 5

1. By the **way**, we haven't seen Mike for **quite a while**, have we?

2. Let's **put** it this way, there's no **point** in getting our hopes up.

3. In other **words**, when it **comes** to fish, you don't like anything **at all**?

4. **Speaking** of bad weather, looks like it's just **about** to rain.

5. Oh **come** on! She can't even make coffee, let **alone** cook a meal for 12 people!

6. She's **bound** to have taken her credit card, so she's **unlikely** to have any money left.

EXERCÍCIO 6

3. *Matt*: Hey Tony, what's up?

8. *Tony*: Hi Matt, how's it going?

1. *Matt*: Good thanks. Haven't seen you for ages! Listen, do you feel like a game of golf some time?

4. *Tony*: No way! I'm much too busy at the moment.

7. *Matt*: Come on! We haven't been to the club for quite a while.

9. *Tony*: No, I guess not, but I haven't got time to play video games, let alone golf.

6. *Matt*: Fair enough. Speaking of video games, we just bought the new Playstation.

2. *Tony*: So what? I bet your kids don't let you play the thing anyway.

5. *Matt*: Not to worry. After all, they're bound to get bored soon and then I'll be able to have a go.

CAPÍTULO 6

EXERCÍCIO 1

1. Right then, let's get the meeting started. Well, the first thing we should talk about...

2. He's not exactly the best actor in the world, you know what I mean?

3. Now, even though it was her house, I had a key you see?

4. So, I'll see you tomorrow then. And don't be late, ok?

5. I mean, there were only like ten people at the party, you know?

EXERCÍCIO 2

A. **So** how did you, um, **actually** start playing the guitar?

B. **Well**, um, **basically** I had lessons at school when I was about 8 or 9 I **guess**, but I really wasn't that good **to be honest**.

A. But **presumably** you got better, **I mean**, you joined your first band when you were only 14, didn't you?

B. Yeah, I **suppose** so. **Mind you**, it took me another couple of years to kind of get it together to really play, **you know**.

A. **In other words**, to be able to, **like**, play in front of an audience.

B. **Still**, in those days I was **literally**, like, sick before each gig, **you know what I mean**?

A. Really? **Then** what about the first record? **I mean**, **as well as** playing gigs you were also recording, weren't you?

B. **That's right**, yeah. In fact, that's why we chose Andy to play guitar, because, **you know**, his dad had a studio, so we could **sort of** make a record for free, **you see**.

A. **Well anyway**, it's a great record, **if you ask me**.

B. Yeah, I **suppose** it **kind of like** worked out in the end.

EXERCÍCIO 3

1. **ER** right, that's the end of the... **UM**... presentation. Are there... **UM**... any questions? (**3 pausas**)

2. Ok... **UM**... now you just take the **UM**... the milk and **ER**... mix it in really. (**3**)

3. So then we had to **UM**... we had to get off the train and **ER**... buy another ticket. (**2**)

4. Excuse me, do you know what time the bus leaves?

5. I have to tell you something… Well, I love you.

6. Hi, I'm looking for a suitcase with little wheels, you know.

EXERCÍCIO 4. A TRADUÇÃO DA LINGUAGEM VAGA ESTÁ SUBLINHADA:

1. Ele trabalha em algum tipo de agência de inteligência, coisas bem secretas.
2. Há cerca de 50 pessoas na empresa: a equipe de vendas, secretárias, e tal.
3. Só deixa as suas coisas aí e então poderemos ir tomar um drinque ou algo assim.
4. Meu Deus, estão fazendo a maior publicidade sobre esse negócio de banheiros para pessoas trans.
5. Nós saímos às 10 horas mais ou menos, então deveríamos chegar lá pelas 3.
6. As crianças fazem mais ou menos o que elas querem, correndo e gritando, essas coisas.
7. **A**: Quantas destas coisas precisamos? **B**: Sei lá, umas 20, eu acho.
8. Você precisa levar os documentos normais: identidade, comprovante de residência, coisas assim.

EXERCÍCIO 5. AS PALAVRAS COM SENTIDO DE MUITO(S)/ POUCO(S) ESTÃO SUBLINHADAS:

1. Hardly any of the guests arrived on time, and few brought presents.
2. I quite liked the hotel, actually... the food was quite good at least.
3. We have to work loads of overtime, and take stacks of work home as well.
4. She was absolutely furious when she saw how incredibly dirty the flat was.
5. You don't really need air-conditioning. It's not that hot to be honest.
6. He's a pretty cool guy, but he can be slightly big-headed at times.

Respostas: **1.** P   **2.** P   **3.** M   **4.** M   **5.** P   **6.** P

CAPÍTULO 7

EXERCÍCIO 1

Steve: I'm **going to** have a steak and a salad. What about you?

Sérgio: I don't know. **Let me** see the menu.

Steve: **Ok(ay)**, here you go. But hurry up, I**'ve got to** eat **something** soon.

Waiter: (**Are**) **You** ready to order?

Sérgio: Mm, just **give me** a couple of minutes.

Steve: Hey, they have **loads of** salads too.

Sérgio: Then **let's** share a mixed salad, **because** they're really big.

Steve: Sure. And **I'd better** order some French fries, too.

Sérgio: **Of course**, I'm starving.

EXERCÍCIO 2

As formas fonéticas das partes em negrito dependem da pessoa, é claro, mas de-veriam ficar mais ou menos assim:

1. /(ã)zuélãz/, /kuai(d)ãló(t)/   2. /télã/, /aktchãli/, /bau(t) rááfãnauã/

3. /kudã(v)/, /wudã(v)/   4. /spróbãbli/, /p(r)aps/, 5. /uótã/, /rástã/, /spéchli/ /aláskã/

EXERCÍCIO 3. AS PARTES COM MUDANÇAS DE PRONÚNCIA ESTÃO SUBLINHADAS. AS RESPOSTAS PROVÁVEIS ESTÃO NA SEGUNDA LINHA:

1. Have you got any brothers or sisters? *Você tem irmãos?*
   → I have two brothers and a sister *ou* None, I'm an only child.

2. What kind of food do you like? *Que tipo de comida você gosta?*
   → I like Italian and Japanese food *ou* My favourite food is pizza.

3. What time is it? *Que horas são?*
   → It's 8.30/midday *ou* Sorry, I don't know.

4. What did you do last night? *O que você fez ontem à noite?*
   → We went to the cinema *ou* Nothing, we stayed at home.

5. Can you speak Spanish? *Sabe falar espanhol?*
   → Yes, I can (I'm fluent *ou* I can get by) *ou* No, I can't.

6. Where does he work? *Onde ele trabalha?*
   → He works downtown *ou* He works for Sadia *ou* He's unemployed.

7. Shall we go for a drink? *Vamos sair para tomar um drinque?*
   → Good idea/Sure/Sounds good *ou* No, sorry, I'm afraid I can't.

8. How come you bought this book? *Por que você comprou este livro?*

→ Because I have difficulty understanding fast, natural English.

9. How long <u>have you been</u> living here? *Você está morando aqui há quanto tempo?*

    → I've been living here for 6 months *ou* I just moved here.

10. What's the biggest city in the USA? *Qual é a maior cidade dos EUA?*

    → (I think) It's New York *ou* I don't know, I'm terrible at geography!

EXERCÍCIO 4

1. **tizãnt** (It isn't) ≠ **It is**   **idazãnt** (He doesn't) ≠ **He has/He's got**
2. **chudãnã** (shouldn't have) ≠ **should have**
3. **thérizãnéni** (there isn't any) ≠ **there's some**
4. **daznii** (doesn't he?) ≠ **does he**?
5. **wudãnã bin** (wouldn't have been) ≠ **would've been**

EXERCÍCIO 5

Diálogo A

Charlie: Hello, can I speak to Anne, please?

Clarissa: No sorry, I'm afraid she's in the shower. Can I take a message?

Charlie: Yes, can you tell her that Charlie called.

Clarissa: Ok, I'll tell her... oh, hold on a second, I think she's just got out of the shower, I'll pass you over to her.

Anne: Hey, Charlie, what's up?

Charlie: Not much, just hanging out* at home, you know. Listen, do you want to go see a movie or something?

Anne: Yeah, sounds good. What do you want to see?

Charlie: I don't know. Have you got a newspaper?

Anne: Yeah, hang on, let me have a look... here we are... right, there's the new Brad Pitt... or what about that Chinese film that won an Oscar?

Charlie: I'll go for Brad Pitt. I haven't got the energy to see a film with subtitles.**

Anne: Ok, fine by me. Can you pick me up at around 7.30?

---

* **To hang out** = *não fazer nada de especial, 'dar um rolé'.*
** **Subtitles** = *legendas (e 'a legend' = uma lenda').*

Charlie: Yeah sure, see you later then. Bye.

Anne: Bye.

1. She's having a shower *ou* She's in the bathroom.
2. To see a movie *ou* To go to the cinema/movies.
3. The new film with Brad Pitt and the Chinese film that won an Oscar.
4. Because he doesn't have the energy to watch a film with subtitles.

Texto B

You're not going to believe this story but it really is true! It happened to me when I was on holiday in Singapore. I'd been working in Hong Kong for 3 years but I hadn't had the chance to travel and see other places in that part of the world. So, when my contract finished, I decided to have a really good holiday before going back to England. A couple of friends and I booked five days at one of the most expensive hotels in Singapore.

One morning my friends were swimming and I was sunbathing on the beach and listening to Ellie Goulding on my iPod. I had my eyes closed as I was half asleep, when suddenly I heard voices and some people sat down next to me. I opened my eyes to see who it was and I couldn't believe it. It was Ellie Goulding! She was with a friend and she was sitting right next to me. The first thing I could think of to do was to give her my iPod. I said, 'Hi. Have a listen to this'. She took the headphones and put them on. When she heard herself singing, she smiled and said, 'Great song – but I don't like the singer much'.

1. He had been working in Hong Kong for three years.
2. Because his contract had finished (and he hadn't seen any other places in that part of the world).
3. His friends were swimming; he was sunbathing and listening to his iPod.
4. He gave her the iPod and told her to listen.
5. She said it was a good song but she didn't like the singer.

CAPÍTULO 8

EXERCÍCIO 1

Americano ('r' carregado, vogais estendidas, 't' como /d/ suave, stupid/ tomato)

    1. A   **2.** A   **3.** B   **4.** B   **5.** A

Britânico ('r' menos forte, 't' mais duro, last/half/past com /ar/, stupid/ tomato)

    = **1.** B   **2.** B   **3.** A   **4.** A   **5.** B

EXERCÍCIO 2

1. Londres **2.** Canadá **3.** Sul dos EUA **4.** Nova Iorque **5.** Norte da Inglaterra

EXERCÍCIO 3

Bruce é australiano e *Declan* é irlandês.